Viviendo en Victoria

*9 Verdades Espirituales para
la Transformación y la Renovación*

Joel Comiskey, Ph.D.

JOEL COMISKEY
GROUP RESOURCING THE WORLDWIDE CELL CHURCH

Published by CCS Publishing
23890 Brittlebush Circle
Moreno Valley, CA 92557 USA
1-888-511-9995

Cover design by Jason Klanderud
Editing by Scott Boren, Lee Warren, and Jay Stanwood

ISBN (print): 978-1-950069-23-1
ISBN (ebook): 978-1-950069-24-8
LCCN: 2019915201

CCS Publishing is the book-publishing division of Joel Comiskey Group, a resource and coaching ministry dedicated to equipping leaders for cell-based ministry.
Find us on the World Wide Web at **www.joelcomiskeygroup.com**

Contenido

Elogios

◆◇◆

Este es el libro más íntimo de Joel Comiskey. La acumulación de experiencias y conocimientos adquiridos a lo largo de su vida se presentan generosa y sinceramente en este libro. Son las claves para una vida equilibrada y victoriosa. Cada una de estas ha sido una parte fundamental de la vida de Joel, y escribe a partir de sus años de experiencia. La propuesta es que una espiritualidad integral que comienza con la soberanía y la gracia de Dios también llegue hasta nuestra necesidad de descanso, cuidando nuestros cuerpos, familias y la vida en la iglesia. Comiskey cree que una vida equilibrada proporciona las bases para vivir en victoria. Recomiendo este libro para todos los cristianos, pero especialmente para los líderes y supervisores de grupos pequeños. Los pastores también se beneficiarán enormemente para planificar una larga vida de servicio a Dios *(Mario Vega, pastor principal de la iglesia Elim, San Salvador, El Salvador).*

Joel Comiskey proporciona 8 principios simples, claros y bíblicos que te ayudarán a vivir una vida cristiana victoriosa. El Dr. Comiskey no solo escribe sobre verdades teóricas. Más bien, ha probado estos principios en su propia vida e intenta vivir de acuerdo con ellos a diario. En este libro, Comiskey escribe sobre la soberanía de Dios, su gracia, pasar tiempo a diario con Dios, las relaciones, la iglesia local, descansar, cuidar de nuestro cuerpo y prepararse para la eternidad. Lee este libro si estás buscando crecer en tu relación con Jesús. *(Aluizio Silva, fundador y pastor principal de la Iglesia de la Vid [Videira] en Brasil)*

En *Viviendo en Victoria,* Joel comparte de primera mano la importancia de aprovechar las fuentes duraderas y clásicas de una vida ordenada. Si tú eres nuevo en las disciplinas espirituales o un practicante veterano, aquí hay sabiduría y fortaleza para todos los que apliquen lo que él enseña. *(Dr. Steve Cordle, Pastor Principal, Crossroads Church, Pittsburgh, y autor de "The Church in Many Houses" (La Iglesia en Muchas Casas) y "A Jesus-Shaped Life" (Una Vida Moldeada Según Jesús).*

¿Por qué tantas personas que asisten a la iglesia carecen del gozo, paz interior y de la visión clara que Jesús vino a dar? Joel Comiskey, de manera extraordinaria, responde a esta pregunta. ¡Este libro proporciona un análisis claro y práctico de los principios clave que ayudarán a una persona a vivir en victoria, mientras evita la frustración de no experimentar la vida abundante que Dios tiene para cada servidor! Creo que Dios usará este libro como un puente hacia la madurez espiritual, incluso frente a las luchas y obstáculos que tocan a la puerta de cada creyente *(Josué Valandro de Oliveira Jr, fundador y pastor principal de la Iglesia Attitude, Río de Janeiro, Brasil)*

Agradecimientos

Estoy muy agradecido con Jay Stanwood por leer detenidamente este manuscrito. Me ayudó a desenredar oraciones poco claras mientras sugería mejores maneras para decir lo mismo. Jay también recomendó referencias adicionales de las Escrituras, la necesidad de combinar párrafos específicos, y me guio de manera perspicaz para mover una tabla complicada del cuerpo principal del libro al apéndice. El producto final es mucho mejor gracias a la ayuda de Jay Stanwood.

Scott Boren, mi editor principal, me ayudó a comprender el tema central de este libro. Boren se destaca en desafiar mi lógica y alinear los capítulos con la esencia del libro: *Viviendo en Victoria*. Este libro ahora encaja porque Scott Boren examinó a profundidad los primeros borradores para unir los capítulos en un todo unificado.

También estoy agradecido con Lee Warren, mi editor, por ofrecer muchas correcciones y sugerencias valiosas e incluso por actualizar todas las referencias de las Escrituras a la última versión de la NIV.

Mi diseñador de portadas, Jason Klanderud, fue muy amable al hacer varias revisiones de portadas para finalmente encontrar la que se ajustara al espíritu de este libro. Aprecio su flexibilidad, experiencia y persistencia para trabajar conmigo a fin de encontrar la cubierta adecuada.

Introducción

J ohn trabaja sesenta horas por semana además de pasar sentado durante dos horas de tráfico cada día. Él y su esposa, Jenny, se aman, o al menos solían hacerlo. Ahora pasan su tiempo juntos llevando a sus hijos a actividades después de conducir hacia McDonald's para cenar.

Cada semana, John se sienta en la segunda fila de la iglesia, escuchando al pastor. Él y Jenny se ofrecen como voluntarios para la iglesia de niños. Pero John está agotado. Superficialmente se ve como si tuviera una buena vida, pero en el fondo se está ahogando. No tiene una victoria real.

Hace años, John estaba más involucrado en la iglesia. Asistió a múltiples conferencias cristianas, participó en viajes misioneros e incluso comenzó un grupo pequeño en su hogar. Pero luego comenzó a sentirse distanciado de Dios debido a su horario cada vez más ocupado. Su lucha fue poder tener un momento de tranquilidad diario, a pesar de que lo intentó repetidamente, en especial después de que su pastor predicó sobre el tema. Juan ora de camino al trabajo y algunas veces durante el día, pero últimamente, esas oraciones han sido su único alimento. No ha encontrado el tiempo para asistir a uno de los grupos en los hogares que a mitad de semana ofrece la iglesia.

John está cada vez más agotado. Su peso ha aumentado, lo que le preocupa. *Renovaré mi membresía del gimnasio y perderé peso,* se dice a menudo. Comer en exceso se ha convertido en una forma subconsciente de aliviar su agotamiento, pero también está notando problemas más serios, como falta de respiración. "¿Debería ir al doctor?" le preguntó recientemente a Jenny. *Simplemente no quiero gastar dinero extra.*

Jenny durante años ha insistido pacientemente en que tomen un día libre a la semana, pero John se siente culpable si no está trabajando. "Mi jefe insiste en que trabaje el sábado", le dijo recientemente. "Y el domingo, vas a la casa de tu madre".

John trata de hacer lo correcto, pero se siente cada vez más culpable, como si debiera estar haciendo más por Dios. *Pero ¿Y qué? ¿Debería hablar con el pastor? Probablemente debería hablarle de nuestros problemas matrimoniales.*

John necesita victoria. ¿Pero qué puede hacer él? ¿Cómo alguien como John detiene la marea? ¿Dónde debería empezar? Muchos encuentran la respuesta en las promesas de una píldora mágica, algo que proporcione una solución rápida. Pero tales soluciones no existen. La victoria de Dios es un estilo de vida continuo de adopción y aplicación de ciertas prioridades que preparan y equipan para la vida.

Tammy, a diferencia de John, es nueva en el cristianismo. Ella aceptó a Jesús hace un año mientras visitaba una gran mega iglesia en el área. Estaba desesperada por encontrar respuestas después de experimentar un divorcio. Comenzó bien, pero pronto le resultó difícil conectarse con otros. La iglesia parecía demasiado grande, por lo que dejó de ir. Sabe que debería intentarlo de nuevo, pero con la resistencia de sus dos hijos adolescentes, siente que está nadando río arriba. *¿Qué voy a hacer cuando empiecen a hacerme preguntas sobre la fe?* Ella a menudo se hace esa pregunta. A veces toma su Biblia, mira a predicadores en la televisión e incluso, de vez en cuando, va al servicio dominical.

Tammy lucha con la impaciencia que rápidamente se traduce en enojo mientras trata de disciplinar a sus dos hijos adolescentes. Teme que sus hijos se estén volviendo amargados. Últimamente, le desespera que sus hijos adolescentes, cuando llegan a casa de la escuela, quieran salir con nuevos amigos. *Se están volviendo independientes muy rápido.* A ella le preocupa el futuro de sus hijos ya que ve tanta violencia y corrupción en las noticias.

Tammy tiene una vaga idea de cómo se vería la victoria cristiana al observar el feliz matrimonio de su hermano Tom, su buen trabajo y su caminar constante con Jesús. Pero ella no tiene una relación cercana con Tom y duda confiar en él.

Tammy ha notado que Mary, su compañera asociada en el trabajo y parte valiosa de la empresa, a menudo habla de Jesús e incluso atribuye su éxito en el matrimonio a su caminar con Dios. *¿Debo acercarme a Mary para pedirle consejo?* Tammy cree que la victoria es posible, pero no sabe cómo lograrla.

Muchas personas, como John y Tammy, necesitan la victoria en sus vidas cristianas. Han aceptado a Jesús, pero no están caminando en la vida abundante que Dios tiene para ellos. En realidad, Dios quiere que todos experimentemos victoria en nuestras vidas cristianas. Pero la victoria de Dios no es cosa de una sola vez. Más bien, es una travesía que nos lleva a través de buenos y malos momentos. Más que un evento, es un estilo de vida.

Quizás estás leyendo este libro porque deseas más de Dios. Quizás en algún momento experimentaste la victoria que ahora anhelas. O tal vez has visto esta victoria en un amigo cercano o en un familiar. Tú quieres lo que él o ella tiene.

Hace varios años, di un seminario en una iglesia en crecimiento ubicada en Fort Worth, Texas. El pastor me pidió que compartiera sobre las pasiones y principios que guían mi propia vida. Quería que su congregación escuchara los valores que hicieron que Joel Comiskey tuviera éxito y las verdades que me ayudaron a vivir victoriosamente.

Mientras lo pensaba, noté que la victoria en mi propia vida vino a través de las difíciles pruebas que me llevaron a profundizar en Dios y las Escrituras. Las verdades que Dios hizo que ardieran en mi alma llegaron a través de golpes y experiencias duras. Las pasiones y principios que comparto en las páginas de este libro provienen de mi estudio de las Escrituras, ya que he lidiado con obstáculos y circunstancias desafiantes. Pienso en mi propia necesidad de:

- La eternidad (verdad espiritual #1). He querido conseguir empleos y ascensos que Dios no había planeado para mí. Tenía a una persona en mente: Joel Comiskey. Dios misericordiosamente me llevó a recordar que las verdaderas riquezas están en el mundo venidero. La verdadera victoria es vivir para Dios y prepararse para la eternidad. Tuve que pedirle a Dios que fijara mis ojos en la recompensa eterna que Él en su gracia me ofrece.

- Amor (verdad espiritual #2). Alcanzo victoria cuando medito en el amor de Dios. Las Escrituras dicen que somos más que vencedores por medio de Aquel que nos amó. Cuando reconozco que Dios es amor y me ama en base a su propio carácter, me siento motivado a seguir adelante y a no rendirme. Y la buena noticia es que el amor de Dios es eterno y nunca cambia.

- Gracia (verdad espiritual #3). He estado aprendiendo que tratar de agradar a Dios con mis propias buenas obras nos lleva a más culpa y menos libertad. Retornar a la gracia y al amor de Dios son la única solución. La fe en lo que Jesús ha hecho por mí en la cruz me ha dado nueva libertad y victoria. La gracia y el amor de Dios se han convertido en mi refugio y esperanza.

- Soberanía (verdad espiritual #4). Durante los períodos en que mi vida parecía fortuita y fuera de control, aprendí a apoyarme mucho en la soberanía de Dios. Recuerdo las semanas visitando a mi esposa en el hospital cuando me sentía confundido y frustrado. Mi único refugio era Dios y el conocimiento de que Él estaba en control de todas las cosas. El control soberano de Dios me ha dado confianza y victoria para creer que Él conoce el camino y que puedo confiar en Él.

- Meditación (verdad espiritual #5). ¿Cuántas veces he tratado de empezar mi día sin la presencia de Dios y Su mano que me guía? Rápidamente me he dado cuenta de que me falta la fuerza y la vitalidad, sintiéndome frustrado y sin dirección. He aprendido por experiencia propia que necesito tener un tiempo devocional a diario, necesito alimentarme de la Palabra de Dios, recibir la llenura del Espíritu y sobre todo conocer a Dios más íntimamente.

• Relaciones interpersonales (verdad espiritual #6). Tiendo a ser individualista y me gusta alcanzar mis metas. A menudo asumí que Dios estaba interesado principalmente en lo que yo lograba para Él. Dios me ha enseñado que Él es un Dios de relaciones interpersonales y quiere que me relacione exitosamente con quienes están más cerca. Mi verdadero caminar y estilo de vida cristiano son revelados y puestos a prueba por quienes me conocen mejor. Él quiere que priorice mis relaciones en un nivel más profundo y que me dé cuenta de que el verdadero éxito es poner en práctica la vida cristiana con quienes están más cerca de mí.

• La iglesia (verdad espiritual #7). Dios me ha rescatado de la falsa doctrina y de errar espiritualmente en más de una ocasión. Durante esos momentos, Dios usó pastores de iglesias locales para guiarme a la verdad bíblica. También me di cuenta de mi necesidad de participar en un grupo pequeño donde puedo compartir mis propias luchas y escuchar a otros compartir las suyas. Una parte importante de la certeza y victoria en Dios es conectarse con una iglesia local y crecer con la familia de Dios a través de los años.

• Descanso (verdad espiritual #8). A través de la enfermedad y el agotamiento, Dios me ha mostrado la necesidad de priorizar el descanso. A menudo he querido hacer una cosa más para Dios solo para escucharlo decirme que Él se interesa más en mí que en lo que puedo lograr. Dios quería que descansara. Él me ha mostrado repetidamente la necesidad de descansar, tanto semanalmente como durante vacaciones prolongadas. He aprendido que puedo hacer mucho más cuando estoy reposado y alerta.

• Salud (verdad espiritual #9). Durante tiempos de mala salud por el descuido de mi cuerpo, Dios me ha revelado principios clave que conducen a la vida en victoria. Solía pensar que estaba bien dormir lo menos posible. Ya no. Dios nos ha diseñado a cada uno de nosotros para funcionar mejor con suficientes horas de sueño, con la nutrición y el ejercicio adecuados. Dios se interesa por el templo que nos ha dado. A lo largo de los años, Dios ha marcado estas prioridades en mi alma a través de la escuela de los golpes duros. Él también me ha dado una mayor victoria a través de ellos.

Pero este libro no trata principalmente de mí. La mayoría de los principios en este libro forman el conjunto de la literatura llamada *disciplinas cristianas o disciplinas espirituales*. En otras palabras, los hombres y mujeres de Dios durante los últimos 2.000 años han aprendido a caminar en victoria practicando disciplinas y principios similares. He tomado ejemplos de estos hombres y mujeres para enriquecer las páginas de este libro. No hay nada nuevo bajo el sol, y he tenido que confiar mucho en la experiencia de otros al escribir este libro.

No lo he alcanzado aún, y nadie nunca lo hará. La victoria completa se lleva a cabo en el cielo, no aquí en la tierra. Pero estoy creciendo en Jesús mientras practico estos principios. Mi oración es que Jesús te capacite para vivir en victoria mientras lees y practicas lo que está escrito en este libro.

Mantén el Final a la Vista

《◆◇◆》

Solo una vida, pronto pasará.
Solo lo que se hace por Cristo permanecerá.

C. T. Studd, el autor del poema, "Solo una vida, Pronto pasará" ("Only One Life, ill Twill Soon Be Past"), abandonó su fama y fortuna para convertirse en misionero en tres continentes. C. T. Studd era un famoso jugador de cricket en el Trinity College de Cambridge en 1883. Cuando su hermano, George, se enfermó gravemente, se enfrentó a la pregunta: "¿Cuánto vale la fama y la adulación cuando un hombre se enfrenta a la eternidad?"[68] C.T. Studd cambió por completo. Escribió en ese momento: "Sabía que el cricket no duraría, y el honor no duraría, y nada en este mundo duraría, pero valió la pena vivir para el mundo venidero".[69] Cuando recibió la herencia de su padre, lo regaló todo a las misiones.

Fue a China en febrero de 1885 junto con seis otros. Sirvieron con Hudson Taylor en la Misión del Interior de China. Mientras estaba en China, C.T. Studd escribió: "Algunos quieren vivir con el sonido de la campana de la iglesia o capilla; yo quiero dirigir un puesto de rescate a un metro del infierno".

Desde China, C.T. Studd y su joven familia fueron a la India, donde entre 1900 y 1906, sirvieron como pastores misioneros. Mientras estaba de regreso en Inglaterra debido a problemas de salud, le intrigó un aviso que decía: "Los caníbales quieren misioneros". El Dr. Karl Kumm, un explorador alemán, presentó apasionadamente la necesidad de predicar el evangelio en África entre las tribus que nunca habían escuchado las Buenas Nuevas. Studd respondió al llamado de Dios y pasó los siguientes veintiún años ministrando en la región que aún no había sido alcanzada en el Congo, África.

En total, había pasado unos quince años en China, seis en la India y veintiún años difundiendo el Evangelio en África.

A la edad de diecinueve años, Dios me llamó a ser misionero después de leer *C. T. Studd: Jugador de criquet y pionero (C. T. Studd Cricketeer & Pioneer)* por Norman Grubb. A través del ejemplo de C.T. Studd, me hice cada vez más consciente de la brevedad de esta vida en comparación con la inmensidad de la eternidad. Salí de California con el objetivo de unirme a WEC internacional, la organización que fundó Studd. Con el tiempo, me convertí en misionero con la Alianza Cristiana y Misionera (Christian and Missionary Alliance), pero el ejemplo de C.T. Studd me animó a comenzar el proceso misionero.

C.T. Studd no es el único en priorizar la próxima vida. Los héroes en Hebreos 11 tenían la mente puesta en el juego final. Se dieron cuenta de que su verdadera victoria estaba en el cielo. Las Escrituras nos dicen:

> [. . .] los cuales por la fe conquistaron reinos, hicieron justicia y alcanzaron lo prometido; cerraron bocas de leones, apagaron la furia de las llamas y escaparon del filo de la espada; sacaron fuerzas de flaqueza; se mostraron valientes en la guerra y pusieron en fuga a ejércitos extranjeros. Hubo mujeres que por la resurrección recobraron a sus muertos. Otros, en cambio, fueron muertos a golpes, pues para alcanzar una mejor resurrección no aceptaron que los pusieran en libertad. (Hebreos 11:33–35)

La frase "para alcanzar una mejor resurrección" los movió e impulsó hacia adelante. Fueron motivados por la resurrección y las prioridades eternas.

Apresúrate y Disfruta

La gente se da cuenta de que la vida es corta y que la muerte llega rápidamente. Pero su solución es sacar el máximo provecho de esta corta vida. Lo vemos en muchas campañas publicitarias:

- "Tómalo para obtener todo el placer que quieras. Ahora mismo."
- "Deja de andar por las nubes y vive en el aquí y ahora."
- "Prospera."
- "Deja tu marca ahora."

Vivo en el sur de California, la tierra del glamur y el estrellato de Hollywood. No es raro leer en *Los Angeles Times* sobre una estrella de cine que compra una mansión ubicada en cientos de acres de propiedades inmobiliarias de primer nivel. El artículo describe la increíble vista, docenas de habitaciones y todas las demás comodidades. Se supone que los lectores deben estar impresionados y envidiosos por el lujoso palacio que todos deberían desear o soñar.

La realidad es que el placer en esta vida es corto y vivir el ahora es vivir sin perspectiva. Yo, como muchos, disfruté visitar las pirámides de Egipto como turista. Me impresionaron los monumentos del tiempo, pero me entristeció la creencia errónea de que reyes y reinas podrían llevar consigo sus posesiones físicas a la próxima vida. Los grandes tesoros en las pirámides son un recordatorio de la insensatez de tratar de llevarse cosas de esta tierra a la siguiente.

La victoria final viene al mantener el fin a la vista y enfocarse en la próxima vida.

Date Cuenta que la Vida es Corta

Una doctora amiga mía que se especializa en cáncer me contó sobre las reacciones de las personas cuando ella les da la triste noticia de que solo les quedan unas pocas semanas o meses de vida. Algunos de ellos se rebelan y exigen más tiempo. No pueden creer que sus vidas pronto terminarán. Llegan a desafiar su diagnóstico y exigir nueva información. Le ruegan por otras interpretaciones, nuevos tratamientos e información adicional. En otras palabras, no pueden creer que sus vidas están en juego y que se enfrentan a un futuro incierto. Pero para la mayoría de ellos, me dijo, hay poco que la ciencia médica pueda hacer.

La realidad es que todos nosotros solo estamos aquí en esta tierra por un corto tiempo. Santiago dice: "Ahora escuchen esto, ustedes que dicen: 'Hoy o mañana iremos a tal o cual ciudad, pasaremos allí un año, haremos negocios y ganaremos dinero'. ¡Y eso que ni siquiera saben qué sucederá mañana! ¿Qué es su vida? Ustedes son como la niebla, que aparece por un momento y luego se desvanece. Más bien, debieran decir: 'Si el Señor quiere, viviremos y haremos esto o aquello'." (Santiago 4:13–15). El tiempo es efímero. La buena noticia para los cristianos es que la verdadera victoria está en la próxima vida.

Jesús, conociendo la realidad de la eternidad, dijo: "¡Tengan cuidado! —advirtió a la gente—. Absténganse de toda avaricia; la vida de una persona no depende de la abundancia de sus bienes." (Lucas 12:15). Contó una parábola de un hombre rico que obtuvo una cosecha abundante.

> Así que se puso a pensar: "¿Qué voy a hacer? No tengo dónde almacenar mi cosecha". Por fin dijo: "Ya sé lo que voy a hacer: derribaré mis graneros y construiré otros más grandes, donde pueda almacenar todo mi grano y mis bienes. Y diré: Alma mía, ya tienes bastantes cosas buenas guardadas para muchos años. Descansa, come, bebe y goza de la vida". Pero Dios le dijo: "¡Necio! Esta misma noche te van a reclamar la vida. ¿Y quién se quedará con lo que has acumulado?" Así le sucede al que acumula riquezas para sí mismo, en vez de ser rico delante de Dios. (Lucas 12:17–21)

La vida es muy corta, y como creyentes, pronto estaremos con Jesús. La verdadera sabiduría nos dice que no nos aferremos a las posesiones de la tierra y que seamos conscientes de que podríamos morir en cualquier momento.

En 2009, di un seminario en Monterrey, México, en una iglesia de las Asambleas de Dios, pastoreada por Noe Salinas. Pensé que este sería otro seminario *normal*. Varios líderes se reunieron para compartir la visión de las misiones mundiales en la ciudad de Monterrey.

Nos sentamos alrededor de la larga mesa del pastor Noe para almorzar y cenar, compartiendo historias y recuerdos de nuestras vidas y ministerio. Su esposa nos colmó de hospitalidad, y Noe incluso invitó a miembros de la familia a unírsenos, junto con el pastor de jóvenes y su esposa, que estaban entusiasmados con las misiones y hacia dónde iba la iglesia.

Después de la conferencia, Noe, junto con su pastor de jóvenes, me mostró las oficinas de sus grupos pequeños y me indicó cómo planeaba expandir su alcance de grupos pequeños para incluir nuevos sectores de la ciudad. *Espero escuchar mucho sobre esta iglesia en el futuro,* pensé. Me gustó su estilo simple y sencillo y me sentí emocionado por el rumbo de la iglesia.

Nos despedimos y nos fuimos. Dos meses después de nuestra visita, Noe y su pastor de jóvenes habían muerto. Se habían esfumado de esta tierra y habían sido recibidos en la eternidad.

Fallecieron inesperadamente, pero la causa de sus muertes podría haberle sucedido a cualquiera en aquella habitación. Noe murió de un ataque al corazón y el pastor de jóvenes murió de otra dolencia física.

Noé probablemente tenía cincuenta y cinco años y el pastor de jóvenes podría haber tenido veinticinco. Ambos dejaron atrás familias. Dios se complació en tomarlos antes que al resto de nosotros, como a Enoc en Génesis 5, quien fue transportado repentinamente de una vida a la siguiente.

Tanto el pastor Noe como su pastor juvenil estaban listos para la eternidad. Vivían para Cristo y estaban listos para partir. Vivieron victoriosos en esta vida y ahora se regocijan en su nueva herencia, sus nuevos cuerpos y todo lo que Dios tiene para ellos. Pablo dijo: "Porque para mí el vivir es Cristo y el morir es ganancia" (Filipenses 1:21). Estaremos allí pronto. Cada día es un regalo de Dios que debemos atesorar. Linda Stangl, una amiga piadosa y lideresa de la Iglesia Journey en Big Bear, California, a menudo se sentaba en mi sala de estar con su esposo Joe. Linda, anciana de su congregación durante muchos años en la Iglesia Journey, acompañó al pastor Jeff Tunnel para aprender sobre grupos pequeños. En septiembre de 2016, Jeff Tunnel sobrevivió a un paro cardíaco completo y Linda y yo nos conocimos en el hospital mientras lo visitábamos.

Solo unos meses después, a Linda se le notificó que tenía cáncer. Ella vivió una semana después de recibir la noticia. Ni siquiera sabía que estaba enferma, pero en una semana estaba en la presencia de Jesús. Linda confió en el Espíritu Santo y se aferró a Él durante toda su vida, incluyendo los últimos días.

Prepárate para un Futuro Extraordinario

Stephen Covey, en su libro más vendido, *Los 7 hábitos de la gente altamente efectivas (The 7 Habits of Highly Effective People)*, aconseja a las personas que imaginen lo que desean que la gente diga en su funeral y luego que comiencen a trabajar retroactivamente para cumplir esas expectativas. Covey sabiamente le dice a la gente que comience con el final a la vista y que permitan que ese juego final suceda aquí y ahora. Covey sabe que cuando una persona visualiza constantemente el final del juego, puede priorizar mejor las cosas que son importantes en este momento, sabiendo que el final llegará pronto.

Me gusta el consejo de Covey, pero no creo que llegue lo suficientemente lejos. No me motiva demasiado pensar en lo que la gente podría decir en mi funeral. Supongo que a todos nos encantaría que se dijeran cosas buenas en nuestros funerales, pero estaremos muertos, así que no podremos disfrutarlos. Y la realidad es que se supone que la gente diga cosas buenas en los funerales. Entonces, ¿qué deberíamos imaginarnos? Creo que deberíamos imaginar lo que Jesús nos dirá cuando entremos en su presencia. Después de todo, lo que Él piensa y dice en ese momento es mucho más importante que lo que la gente piensa o dice sobre nosotros aquí y ahora. Jesús lo sabe todo. La gente no ve los pensamientos e intenciones de nuestro corazón. Y lo que Jesús piensa tendrá consecuencias eternas. Personalmente anhelo que diga: "¡Hiciste bien, siervo bueno y fiel!" (Mateo 25:23). Entonces quiero vivir ahora de manera que esas palabras se hagan realidad.

Los cristianos creen que inmediatamente estarán en la presencia de Dios después de la muerte. Pablo dijo: "Me siento presionado por dos posibilidades: deseo partir y estar con Cristo, que es muchísimo mejor, pero por el bien de ustedes es preferible que yo permanezca en este mundo. Convencido de esto, sé que permaneceré y continuaré con todos ustedes para contribuir a su jubiloso avance en la fe." (Filipenses 1:23–25). Las Escrituras dicen que los creyentes serán recompensados por la eternidad (1 Corintios 3:12–15). Los que lo conocen no solo se presentarán ante él y vivirán con él, sino que también cosecharán el fruto de sus acciones por la eternidad.

Me encuentro muy motivado por esa realidad. Todas las demás opiniones importan poco. Deberíamos estar imaginando la alegría y la belleza de la próxima vida. Después de todo, las Escrituras dicen que Jesús está preparando un lugar para nosotros (Juan 14:2). A menudo les digo a las personas en mis predicaciones que imaginen hacerse ricos en el cielo al servir a Jesús, en lugar de centrarse solo en cuentas bancarias más grandes aquí. Jesús nos dice que acumulemos nuestra riqueza en el cielo y no en la tierra (Mateo 6:19–21). Y la buena noticia es que podemos acumular tesoros en el cielo al permitir que Dios produzca buenas obras a través de nosotros.

Apocalipsis nos dice que el cielo estará libre de enfermedades y maldiciones y que Dios mismo será la luz. Leemos: "Él les enjugará toda lágrima de los ojos. Ya no habrá muerte, ni llanto, ni lamento ni dolor, porque las primeras cosas han dejado de existir" (Apocalipsis 21:4). Tendremos nuevos cuerpos. Pablo dijo: "Cuando lo corruptible se revista de lo incorruptible, y lo mortal, de inmortalidad, entonces se cumplirá lo que está escrito: 'La muerte ha sido devorada por la victoria'". (1 Corintios 15:54). Y lo más importante, es que veremos a Jesús, quien ha estado intercediendo por nosotros continuamente (Hebreos 7:25).

En su libro, *El cielo (Heaven)*, Randy Alcorn escribe: "La mayoría de las personas viven sin prepararse para la muerte. Pero aquellos que son sabios acudirán a una fuente confiable para investigar qué hay del otro lado. Y si descubren que las decisiones que tomen durante su breve estadía en este mundo serán importantes en el mundo venidero, querrán ajustar esas decisiones consecuentemente".[70] El difunto pastor Chuck Smith, fundador del movimiento de la Capilla del Calvario, solía decir: "En esta vida, nos estamos preparando para la próxima".

La vida en la tierra es el terreno de preparación para la eternidad que espera. No debemos aferrarnos a las cosas de este mundo, sabiendo que no podemos llevar nada de esto con nosotros. Pablo dijo: "Porque nada trajimos a este mundo, y nada podemos llevarnos." (1 Timoteo 6:7). Somos extranjeros pasando por esta tierra, y no debemos pensar que estaremos aquí por mucho tiempo. No será así.

Tengo un pequeño ejercicio en mis devocionales en el que retrocedo en el calendario de mi computadora hasta el 6 de mayo de 1956, el día en que nací. Luego reviso todos los meses y años que han pasado, hasta el presente y más allá hasta los 85 años, el 6 de mayo de 2041. El calendario pasa volando tan rápido y me doy cuenta de que todos los temores y preocupaciones del pasado se han ido y están fuera de mi mente.

Mis planes para el futuro están en manos de Dios, pero puedo estar seguro de una cosa: el tiempo pasará rápidamente. ¿Vendrá Jesús antes? Hay una buena probabilidad. Pero incluso si elige esperar más para que más personas sean salvas, sé que mi vida en esta tierra pronto terminará. Este ejercicio me ayuda a recordar que mi vida es un vapor y que mis temores y preocupaciones pronto terminarán y mis esperanzas y sueños se cumplirán por completo.

Crisóstomo, un padre de la iglesia primitiva, practicaba este tipo de vida de sube y baja. Él escribió: "Imaginemos que está presente ahora [el trono de juicio de Cristo], y examinémonos cada uno de nosotros con su propia conciencia, y consideremos que el Juez ya está presente al igual que todo lo que ha de revelarse y presentarse".[71] Este padre de la iglesia primitiva sabía que, en esta vida, necesitamos vivir como si pudiéramos estar presentes ante el Dios del universo en cualquier momento.

Mentes Celestiales Crean Bien Terrenal

Una crítica común pero falsa de los creyentes es que tienen una mentalidad tan celestial que no son buenos para la tierra. Pero la realidad es que tener una perspectiva eterna inspira a los creyentes a hacer mucho bien terrenal aquí y ahora. John Blanchard escribe: "A lo largo de los siglos, ningún grupo identificable de seres humanos ha tenido un impacto más positivo en este mundo que el que comprende aquellos con una firme creencia en el mundo venidero y en las mismas promesas descartadas por los humanistas como 'ilusorias y dañinas'".[72] Cuando vivimos para la eternidad, también tenemos mucha más victoria en esta vida.

John Stott traza la forma en que los cristianos fundaron escuelas, hospitales y refugios para los marginados. Stott luego dice: "Más tarde, todavía abolieron el comercio de esclavos y liberaron a los esclavos, y mejoraron las condiciones de los trabajadores en los molinos y las minas y de los prisioneros en las cárceles. Protegieron a los

niños de la explotación comercial en las fábricas del Occidente y de
la prostitución ritual en los templos del Oriente".[73]

Cuando una persona es responsable ante el Dios del universo a
quien rendirá cuentas, existe una motivación mucho mayor para
ayudar y servir a los demás, en comparación con aquellos que creen
que la vida es accidental sin un verdadero propósito o dirección.
Jesús nos dice que seremos recompensados por nuestras obras aquí
en esta tierra.

Cuando somos de mente celestial (pensando en el juego final),
en realidad somos mejores aquí en la tierra. Sabemos que nuestro
Dios amoroso y lleno de gracia nos pedirá que rindamos cuenta
de si le permitimos dar fruto a través nuestro y operar su gracia en
nuestras vidas. Finalmente le daremos toda la gloria por lo que ha
producido en nosotros.

Jesús y los escritores del Nuevo Testamento enseñaron que debemos tener una mente celestial y que debemos recordarnos constantemente que lo que hagamos en esta tierra tendrá consecuencias
celestiales. Pablo les dijo a los creyentes que se concentraran en las
cosas de arriba y no en las cosas terrenales (Colosenses 3:1–2).

Elisabeth Elliot escribió el libro *A través de las puertas del esplendor (Through the Gates of Splendor)* para describir a los cinco misioneros que dieron sus vidas por los indios aucas en las selvas de
Ecuador. Jim Elliot, el esposo de Elisabeth, dirigió al equipo a Shell
Mera, en lo profundo de las selvas de Ecuador. A Jim se le atribuye
el dicho: "No es necio quien da lo que no puede conservar para
ganar lo que no puede perder". Al intentar llegar a los Aucas y, en
última instancia, dar sus vidas, inspiraron a innumerables personas
a vivir para la eternidad.

Mientras vivía en Ecuador, aproveché la oportunidad de visitar la playa donde murieron los cinco misioneros. Mientras estuve
allí, recogí una piedra de la playa donde murieron, y esa piedra
me recuerda continuamente que debo vivir para la eternidad: "No
es necio quien da lo que no puede conservar para ganar lo que

no puede perder". Ahora toda la tribu Auca se ha convertido y envía misioneros a otras tribus. El trabajo de Elliot continúa hasta nuestros días. Vivir para la próxima vida nos estimula a vivir más plenamente hoy.

Dietrich Bonhoeffer vivía una vida cómoda en los Estados Unidos, pero sabía que necesitaba regresar a Alemania y sufrir con el pueblo de Dios bajo las políticas opresivas de Hitler. Él escribió: "Dios se deja expulsar del mundo hacia la cruz. . . . La Biblia dirige al hombre hacia la impotencia y el sufrimiento de Dios; solo el sufrimiento que Dios puede evitar".[74]

Bonhoeffer entendió que su verdadera victoria iba más allá del aquí y ahora. Él pudo ayudar a la iglesia que sufría e incluso intentar derrocar a Hitler porque entendía las prioridades eternas.

Aférrate al Galardón

Los escritores de la Biblia a menudo hablaban de mantenerse firmes hasta el final. Pablo nos dijo que avanzáramos para ganar el galardón del llamamiento celestial en Cristo Jesús (Filipenses 3:14). La vida cristiana es una travesía, una batalla y un estilo de vida. Estamos llamados a mantenernos firmes hasta el final.

Lamentablemente, algunos se alejan a mitad del camino. Pablo dijo: "pues Demas, por amor a este mundo, me ha abandonado y se ha ido a Tesalónica". (2 Timoteo 4:10). El alejarse de Cristo ocurrió en el tiempo de Pablo y sucede hoy. Confiar en Cristo es una cosa. Ser fiel hasta el final es otra.

Recientemente hablé con Ralph Neighbour Jr., plantador de iglesias y prolífico autor. Ahora tiene noventa y un años. Le hice algunas preguntas generales, pero él fue directo al grano. "Joel, solo quiero irme a casa. Espero estar con Jesús".

Le dije: "Ralph, si vivo hasta los noventa y un años, quiero ser como tú. Has vivido tu vida para Cristo y lo has servido fielmente hasta el final".

Dios promete su gracia a diario si permanecemos en él (Juan 15:1–4). Él quiere llenarnos diariamente con su Espíritu (Efesios 5:18). Judas dice: "Ustedes, en cambio, queridos hermanos, manténganse en el amor de Dios, edificándose sobre la base de su santísima fe y orando en el Espíritu Santo, mientras esperan que nuestro Señor Jesucristo, en su misericordia, les conceda vida eterna". (Judas 20–21). Pronto estaremos con Jesús por la eternidad. Pídele que te dé la fuerza para mantenerte firme hasta el final. Necesitamos la gracia y la fuerza diarias de Dios para superar los desafíos que enfrentamos. Sabiendo que nuestro verdadero hogar está en el cielo, debemos colocar nuestros tesoros y recursos allí. La verdadera victoria nos espera.

Puntos a Considerar

- ¿Cuál es el principio más importante que has aprendido de este capítulo? ¿Cómo lo aplicarás?

- ¿En qué áreas de tu vida has estado viviendo para ti mismo en lugar de para Dios? ¿Qué puedes hacer para cambiarlo?

- ¿Cómo puedes volverte más productivo en esta vida al tener una perspectiva eterna?

- ¿Cuáles son las medidas prácticas que puedes tomar esta semana para vivir con la eternidad en mente?

Experimenta el Amor de Dios

——————— «◆-◇-◆» ———————

Mientras obtenía su maestría, Tina, una estudiante de Victory, Vermont, conducía varias veces por semana a la universidad en Burlington, a unos 160 kilómetros de distancia. Al llegar a casa tarde en la noche, veía a un anciano sentado al lado del camino por donde ella vivía. Él siempre estaba allí, en temperaturas bajo cero, en clima tormentoso, sin importar cuán tarde ella regresara. El anciano no parecía notar su presencia. A menudo, ella se preguntaba qué lo llevaba al mismo lugar todas las noches. Tal vez era un hábito obstinado, un luto en privado o un trastorno mental.

Finalmente, Tina le preguntó a un vecino suyo: "¿Alguna vez has visto a un anciano que se sienta junto al camino a altas horas de la noche?"

"Ah, sí", dijo su vecino, "muchas veces".

"¿Está enfermo mentalmente?" preguntó Tina. "¿Él alguna vez va a casa?"

El vecino se rio. "Está tan cuerdo como tú y yo. Y se va a casa justo después que tú. Verás, no le gusta la idea de que conduzcas sola hasta tarde por estos callejones, así que todas las noches sale a la calle a esperarte. Cuando ve que tus luces traseras desaparecen en la curva, y sabe que estás bien, se va a casa a la cama".

Al igual que Tina, a menudo malinterpretamos lo que vemos que Dios hace y no nos damos cuenta de que Él nos está cuidando y tiene en mente lo mejor para nosotros. Las Escrituras nos dicen que Dios está constantemente pensando en nosotros. El Rey David dice,

Mis huesos no te fueron desconocidos cuando en lo más recóndito era yo formado, cuando en lo más profundo de la tierra era yo entretejido. Tus ojos vieron mi cuerpo en gestación: todo estaba ya escrito en tu libro; todos mis días se estaban diseñando, aunque no existía uno solo de ellos. ¡Cuán preciosos, oh Dios, me son tus pensamientos! ¡Cuán inmensa es la suma de ellos! Si me propusiera contarlos, sumarían más que los granos de arena. Y, si terminara de hacerlo, aún estaría a tu lado (Salmo 139:15–18).

La Biblia declara que Dios primero se acercó a nosotros, y la única forma en que realmente entendemos el amor es a través de su cuidado amoroso. Juan dice: "Nosotros amamos porque él nos amó primero" (1 Juan 4:19). El amor de Dios es puro y verdadero, a diferencia del frágil y errante amor humano. Saber que Dios nos ama es la motivación que nos ayuda a andar en los caminos que agradan a Dios.

El Amor Merecido

El mundo valora las acciones a cambio del amor. Debemos demostrar que somos dignos de afecto y atención. Y cuando surgen debilidades y fracasos, las acciones solidarias se disipan. El mundo declara: "Muéstrate competente y seguro y así llamarás la atención". Las personas bellas, talentosas, seguras de sí mismas e inteligentes son valoradas en la sociedad. Los padres a menudo les dicen a sus hijos: "Nunca llegarás a nada". "Nunca triunfarás como tu hermano". "No tienes lo que se necesita".

Recuerdo haber visto un programa sobre una actriz que alguna vez fue famosa y que se alejó de la sociedad y se negó a conceder entrevistas una vez que ya no pudo disimular sus arrugas y su cuerpo flácido. Ella, como tantos, dependía de circunstancias externas para recibir amor. Por temor a ya no ser amados, muchos tratan de evitar la apariencia de envejecimiento recurriendo a la cirugía plástica y a otros cambios estéticos. Dichos remedios solo solucionan el problema por un corto tiempo.

Cada vez más, la generación más joven basa su valor en su popularidad en Instagram, YouTube u otras plataformas de redes sociales. Los jóvenes equiparan su aceptación con la cantidad de "me gusta" o "clics", pero rara vez están satisfechos. Y aunque se han escrito muchos libros sobre el amor propio, este amor no satisface plenamente la demanda de aceptación del alma.

Una Comprensión Más Profunda

En marzo de 2021 prediqué un mensaje en Efesios 3:14–21. Pablo dice en estos versículos:

> Por esta razón me arrodillo delante del Padre, de quien recibe nombre toda familia en el cielo y en la tierra. Le pido que, por medio del Espíritu y con el poder que procede de sus gloriosas riquezas, los fortalezca a ustedes en lo íntimo de su ser, para que por fe Cristo habite en sus corazones. Y pido que, arraigados y cimentados en amor, puedan comprender, junto con todos los santos, cuán ancho y largo, alto y profundo es el amor de Cristo; en fin, que conozcan ese amor que sobrepasa nuestro conocimiento, para que sean llenos de la plenitud de Dios. Al que puede hacer muchísimo más que todo lo que podamos imaginarnos o pedir, por el poder que obra eficazmente en nosotros, ¡a él sea la gloria en la iglesia y en Cristo Jesús por todas las generaciones, por los siglos de los siglos! Amén.

Mientras me preparaba para la predicación, el Espíritu me impactó profundamente con la inmensidad del amor del Padre y mi necesidad de comprenderlo y recibirlo. En estos versículos, Pablo está orando para que la iglesia de Éfeso comprenda y experimente el amor de Dios por ellos. Mientras meditaba en el amor de Dios en preparación para el mensaje, escribí en mi diario: "Dios me ama. Él piensa en mí siempre. Soy importante para Él. Su poder desea desplegar Su amor en mi corazón. Él quiere que sepa cuánto me ama". Ese día fue importante en mi comprensión del amor de Dios y me ayudó a caminar en victoria.

Ya antes había sido tocado por el amor de Dios en 2009 cuando escribí un libro llamado *El Discípulo Relacional*. Este libro explora las relaciones, la comunidad y el carácter de la Trinidad. Escribir el libro cambió mi vida y me ayudó a priorizar la vivencia en comunidad de una nueva manera.

En el proceso de escribir el libro, comprendí que el amor puro siempre ha existido entre los miembros de la Trinidad—el Padre, el Hijo y el Espíritu Santo—quienes viven en perfecta unidad. El amor de Dios se desborda sobre nosotros porque Él es amor. Me di cuenta de que los más de 50 versículos de "unos a otros" en el Nuevo Testamento provienen del carácter de Dios y reflejan lo que Dios quiere ver en Su iglesia.

Sin embargo, a menudo me sentía culpable cuando no estaba con otras personas. Me gusta alcanzar mis metas, y sentía que tenía que forzar las relaciones y ser más sociable. El libro transformó mi comprensión de quién es Dios y de cómo quiere que nos comportemos, pero me resultó difícil implementar lo que aprendí.

Si avanzamos doce años, llegamos a marzo de 2021, cuando Dios me habló en el capítulo 3 de Efesios sobre su amor. Me mostró que quería que experimentara su amor puro e incondicional, no porque yo tuviera algo que ofrecer, sino porque él es un Dios de amor.

Durante gran parte de mi vida, he tratado de impresionar a los demás. Sentía que tenía que ser el primero en los deportes o en la escuela y, lamentablemente, a menudo transferí esas motivaciones a mi relación con Dios y con los demás.

Dios me dijo que Él solo quería amarme. Me di cuenta de que Él estaba marcando mi vida y ministerio significativamente y que Él deseaba que experimentara Su amor a diario.

Me mostró que la única forma en que podía dar de Su amor a otros era después de haberlo recibido directamente de Él. En otras palabras, el amor por los demás es una consecuencia natural de Su amor por mí.

Dios no nos ama en base a nuestra suficiencia, sino que por su carácter perfecto. Puede que no entendamos esto, pero es lo que la Biblia enseña. Dios nos ama activamente, y cuando respondemos a Su gran amor, el resultado es que amamos a los demás. Así se cosecha victoria.

La Naturaleza de Dios

El amor de Dios ha existido entre los miembros de la Trinidad a lo largo de toda la eternidad. Este amor irrumpió repentinamente en nuestra oscuridad aquí en la tierra. Tim Keller habla sobre la *danza del amor* que se derramó sobre la creación de Dios. Keller dice,

La vida de la Trinidad se caracteriza no por el egocentrismo sino por el amor mutuo que se da a sí mismo. Cuando nos deleitamos y servimos a alguien más, entramos en una órbita dinámica a su alrededor, nos centramos en los intereses y deseos del otro. Eso crea una danza, en especial si hay tres personas, cada una de las cuales se mueve alrededor de las otras dos. Así es como sucede, nos dice la Biblia. Cada una de las personas de la divinidad se centra en las demás. Ninguna exige que las demás giren a su alrededor. Cada una rodea voluntariamente a las otras dos, derramando amor, deleite y adoración en ellas. Cada persona de la Trinidad ama, adora, respeta y se regocija en las demás. Eso crea una danza dinámica y palpitante de alegría y amor.[1]

Y ahora Dios nos invita a danzar con Él en esta relación de amor. El apóstol Juan estaba tan enamorado del amor que escribió: "¡Fíjense qué gran amor nos ha dado el Padre, que se nos llame hijos de Dios! ¡Y lo somos! El mundo no nos conoce, precisamente porque no lo conoció a él" (1 Juan 3:1).

Juan nos dice que la naturaleza misma de Dios es amor. Él dice: "Y nosotros hemos llegado a saber y creer que Dios nos ama. Dios es amor. El que permanece en amor, permanece en Dios, y Dios en él" (1 Juan 4:16). No podemos entender el amor estando separados del amor de Dios por nosotros. Y su amor colma la profunda necesidad de seguridad que todos tenemos. Jerry Bridges, un famoso

autor y maestro que ahora está con Jesús, dijo: "La sumisión al
señorío de Jesucristo debe ser en respuesta al amor y la misericordia
de Dios. En vista de la misericordia de Dios, Pablo instó a los creyentes romanos a ofrecer sus cuerpos como sacrificio vivo".[2]

El amor de Dios nos busca para cautivar nuestros corazones.
G. K. Chesterton dijo una vez que la gran lección de la historia de
La Bella y la Bestia es que algo debe ser amado antes de que otros
quieran amarlo.[3] Chesterton reflexionó sobre el hecho de que algunas de las personas más desagradables que conocía se volvieron así
porque pensaban que nadie las amaba. Ese no es solo un principio
de la teología, sino también de la psicología y la sociología.

El cristianismo ofrece un amor que no merecemos. Dios nos
ama y nos acepta "tal como somos". Y es por eso es que podemos
amar y aceptar a los demás. Juan escribe elocuentemente: "En esto
consiste el amor: no en que nosotros hayamos amado a Dios, sino
en que él nos amó y envió a su Hijo para que fuera ofrecido como
sacrificio por el perdón de nuestros pecados" (1 Juan 4:10). Y aquí
es donde radica nuestra victoria. Él nos ama, y solo nos queda permitir que Su amor se desborde hacia los demás.

El Amor Verdadero

La victoria que experimentamos hoy es porque Jesús vino a esta
tierra a morir por nuestros pecados. Juan 3:16 dice: "Porque tanto
amó Dios al mundo que dio a su Hijo unigénito, para que todo el
que cree en él no se pierda, sino que tenga vida eterna". El Padre
ama tanto a las personas que descendió a este mundo, vivió entre
nosotros, sufrió y murió en la cruz, y resucitó. Jesús pagó el precio
más alto para evitar nuestra caída en picada hacia el infierno.

La muerte de Cristo en la cruz proclama el amor de Dios. Dios
sabía que solo había una manera de salvar a la humanidad, así que
descendió él mismo para pagar el terrible precio. Jesús tomó sobre
sí nuestros pecados para salvarnos de la ira de Dios porque, como

dicen las Escrituras, sin derramamiento de sangre no hay perdón de pecados (Hebreos 9:22). Jesús es el único camino para que una persona tenga una relación con Dios y la vida eterna.

La cruz fue costosa. La maldad del pecado fue tan grande que Dios mismo descendió a esta tierra como Jesús hombre cuya sangre sacrificial fue derramada en la cruz para cubrir el pecado. Sí, el infierno es real, pero hay esperanza gracias a la muerte y resurrección de Cristo. Dios ahora puede ofrecer su dádiva de gracia a aquellos que creen.

La muerte de Cristo habla del amor insondable de Dios. Jesús haciéndose hombre nos muestra el amor íntimo de Dios por su creación perdida. Y ahora Jesús ha enviado al Espíritu Santo para atraer a las personas a Dios. ¡Qué gran victoria tenemos por el amor del Señor!

El Amor Salvador

Cuando era joven, estaba fuera de control por el consumo de drogas, el alcohol y la meditación trascendental. Dios me amó en mi estado de desesperación. Estaba completamente perdido, pero Jesús vino a darme victoria a través de su amor salvador. Jesús me liberó de las tinieblas y me continúa dando más y más victoria.

Nunca podremos ser lo suficientemente buenos para ganarnos la aprobación de Dios. Nunca debemos pensar que Dios obtuvo un buen trato cuando nos salvó o que somos mejores que los demás. Dios salva a las personas en base a la obra de Su hijo Jesús. La gracia asombrosa de Dios es la única base para nuestra salvación. La buena noticia es que Él nos salva con un propósito. Al describir nuestra condición antes y después de ser salvos, Pablo dijo:

> En ese tiempo también todos nosotros vivíamos como ellos, impulsados por nuestros deseos pecaminosos, siguiendo nuestra propia voluntad y nuestros propósitos. Como los demás, éramos por naturaleza objeto de la ira de Dios. Pero Dios, que es rico en misericordia,

por su gran amor por nosotros, nos dio vida con Cristo, aun cuando estábamos muertos en pecados. ¡Por gracia ustedes han sido salvados! (Efesios 2:3–5).

Pablo se llamó a sí mismo el primero de los pecadores porque persiguió a la iglesia de Cristo. Y durante uno de sus viajes para hallar y encarcelar a los cristianos, Dios lo salvó. Jesús nos recoge de donde estamos y nos hace más como Él. Él nos da la victoria porque podemos dejar de esforzarnos, sabiendo que Él ama a los pecadores.

C. S. Lewis se refirió a Dios como el *sabueso del cielo* porque Él persigue a las personas. Dios ama tanto a los pecadores que está en una persecución a alta velocidad para rescatarlos. Persigue a hombres y mujeres y acoge de nuevo al hijo pródigo. Va tras la única oveja que se ha descarriado. Cuando oramos por nuestros seres queridos que no conocen a Jesús, podemos estar seguros de que Dios está más interesado en su condición que nosotros. Jesús dijo,

"¿Qué les parece? Si un hombre tiene cien ovejas y se le extravía una de ellas, ¿no dejará las noventa y nueve en las colinas para ir en busca de la extraviada? Y, si llega a encontrarla, les aseguro que se pondrá más feliz por esa sola oveja que por las noventa y nueve que no se extraviaron. Así también, el Padre de ustedes que está en el cielo no quiere que se pierda ninguno de estos pequeños" (Mateo 18:12–14).

Dios obra en maneras misteriosas y usa el dolor y otros medios para atraer a las personas hacia Él. Podemos dar un paso atrás y ver a Dios obrar. Y no es que Dios persigue a las personas y solo espera que ellas vengan a Cristo. Su poder le permite salvarlos y darles la victoria.

La increíble verdad sobre el amor de Dios es que aun cuando estábamos en rebeldía y bajo el control del enemigo, Él nos amó y nos llamó. ¿Podemos creer que hará lo mismo con otros? La verdadera victoria es saber que Dios nos recoge de donde estamos y nos hace mejores.

El famoso himno de Charles Wesley declara: "¡Asombroso Amor! Cómo puede ser, ¿Que Tú, Dios mío, mueras por mí?" Y Dios no nos ama porque ve algo especial en nosotros o porque percibe que podemos tener más potencial. Él nos elige según le place. La victoria llega cuando nos damos cuenta de que el amor de Dios es puro e incondicional.

El Amor Experimental

Jesús me salvó durante el *Movimiento de Jesús* en el sur de California en 1973. Uno de mis músicos favoritos durante ese tiempo fue Keith Green. Dios salvó radicalmente a Keith de la vida hippie de drogas de la década de 1960. Él recibió a Jesús en la casa de Kenn Gulliksen, uno de los líderes originales del Movimiento de Jesús.

Keith Green murió en un accidente de avión cuando solo tenía veintinueve años, pero antes de su muerte, escribió canciones mejores vendidas, como "Pones este Amor en mi Corazón" y "Tu Amor Se Abrió Paso". Estas canciones resumen el mensaje central del evangelio. Jesús nos salva y luego pone Su amor en nuestros corazones.

Dios ha derramado tanto amor sobre nosotros. Él derrama su amor libre y abundantemente. Pablo le dijo a Timoteo: "Pues Dios no nos ha dado un espíritu de timidez, sino de poder, de amor y de dominio propio" (2 Timoteo 1:7). El amor es una de las principales características del Espíritu de Dios en nosotros. Él nos está cambiando y haciéndonos más como Él a través de Su amor.

Y el amor de Dios está plasmado en nuestros corazones. Las Escrituras nos dicen que el amor es un fruto del Espíritu (Gálatas 5:22–23). Al hablar de nuestra esperanza y amor en Jesús, Pablo dice: "Y esta esperanza no nos defrauda, porque Dios ha derramado su amor en nuestro corazón por el Espíritu Santo que nos ha dado" (Romanos 5:5). Dios quiere que sintamos y experimentemos Su amor que va más allá de nuestro entendimiento. Su amor nos da la victoria en nuestra vida cristiana y la confianza para enfrentar los desafíos de la vida.

Dios le dice a Israel: "Con amor eterno te he amado; por eso te sigo con fidelidad, oh virginal Israel. Te edificaré de nuevo; ¡sí, serás reedificada! De nuevo tomarás panderetas y saldrás a bailar con alegría" (Jeremías 31:3–4).

Experimentar el amor de Dios no significa que siempre nos sentiremos felices. Caminaremos por momentos difíciles en los que sentiremos oscuridad y desesperación. Sin embargo, Su amor sigue ahí. Podemos seguir caminando con Jesús, confiando en Él y regocijándonos en Él. El amor de Dios nos hace libres y nos da la confianza para enfrentar nuestras pruebas diarias.

El Amor Perpetuo

Mi lugar favorito para visitar es el Parque Nacional de Yosemite. Mis padres iban todos los años y yo he ido varias veces. Mi monumento favorito en Yosemite es *El Capitán,* un enorme muro de granito en el extremo oeste del valle de Yosemite. A casi mil metros sobre el suelo del valle, *El Capitán* es más de tres veces más alto que la Torre Eiffel. Me encanta colocarme al pie de *El Capitán* y mirar hacia arriba a la creación de Dios. El amor de Dios, como *El Capitán,* es sólido y perpetuo. Pablo dijo:

> ¿Quién nos apartará del amor de Cristo? ¿La tribulación, o la angustia, la persecución, el hambre, la indigencia, el peligro, o la violencia? Así está escrito: "Por tu causa siempre nos llevan a la muerte; ¡nos tratan como a ovejas para el matadero!" Sin embargo, en todo esto somos más que vencedores por medio de aquel que nos amó. Pues estoy convencido de que ni la muerte ni la vida, ni los ángeles ni los demonios, ni lo presente ni lo por venir, ni los poderes, ni lo alto ni lo profundo, ni cosa alguna en toda la creación podrá apartarnos del amor que Dios nos ha manifestado en Cristo Jesús nuestro Señor (Romanos 8:35–39).

Nada puede separarnos del amor de Dios. Nuestra victoria viene de saber que su amor es perpetuo y eterno. Dios es amor y vive en nosotros por nuestra fe en Jesús. Él quiere que tengamos comunión con Él en una relación de amor.

Recientemente hablé con un amigo que me dijo: "Joel, es difícil para mí comprender el amor de Dios porque mi padre nunca me amó. Sé que las Escrituras me dicen que Dios me ama, pero tengo que ir más allá de mis experiencias y comprender que Dios es diferente".

Muchos pueden identificarse con mi amigo porque han tenido experiencias de la infancia similares. Necesitamos que el Espíritu Santo nos muestre el amor puro y sólido como una roca de nuestro Padre celestial.

Es imposible vivir en victoria cuando el amor es efímero e inestable. Sin embargo, debido a que Dios es eterno, podemos estar seguros en Su amor abundante y eterno. El famoso psicólogo, el difunto Larry Crabb, creía que el sentido de significado y de seguridad son necesidades emocionales vitales de todo ser humano. Si no encontramos nuestro significado y seguridad en el amor de Dios y su propósito para nuestras vidas, trataremos de satisfacer esas necesidades de otras maneras y en otros lugares. Crabb dice:

> Al separar a Dios de tu vida (qué asombroso concepto de libertad que los humanos podamos separar a Dios de nuestras vidas), cortas la única fuente de verdadero significado y seguridad.[4]

Me he encontrado en una travesía de conocer el amor de Dios durante cuarenta y nueve años. Dios me ha estado persiguiendo y amando durante mucho, mucho tiempo. Y Su amor es tan fuerte ahora como lo era al comienzo de mi viaje con Él. Y su amor me seguirá haciendo libre por toda la eternidad.

El Amor Sin Temor

La mayoría de mis miedos se han desarrollado en torno a tratar de impresionar a los demás y de luego sentirme deficiente.

En los primeros días de mi vida cristiana, yo tenía un compañero de cuarto al que realmente quería impresionar. Él era un ministro superestrella a mis ojos, pero me sentía tan deficiente a su alrededor. Desarrollé varios miedos durante ese tiempo, y cuando miro hacia atrás, me doy cuenta de que esos temores se basaban en no sentir que era lo suficientemente bueno. Tenía que ser alguien que no era. No me sentía querido ni aceptado.

La buena noticia es que el amor de Dios está ahuyentando esos temores mientras medito en Su gran amor por mí y Su amor a través de los demás. La Biblia nos dice que Su amor perfecto e incondicional echa fuera todo temor. Juan dice: "En el amor no hay temor, sino que el amor perfecto echa fuera el temor. El que teme espera el castigo, así que no ha sido perfeccionado en el amor" (1 Juan 4:17b–18). Cuando tenemos miedo, debemos pedirle a Dios que nos recuerde que Él es amor. No tenemos que temer porque su amor echa fuera todo temor.

Algunas personas viven toda su vida bajo el tormento de no estar seguros si son salvos. Tristemente, algunas iglesias motivan a su congregación a través del miedo, en especial, el miedo de llegar al cielo a través de buenas obras. Sin embargo, el apóstol Juan es muy claro: "Les escribo estas cosas a ustedes que creen en el nombre del Hijo de Dios, para que sepan que tienen vida eterna" (1 Juan 5:13). Y Juan 3:16, ". . . todo el que cree en él no se pierda, sino que tenga vida eterna".

Cuando creemos y entendemos que Dios nos acepta a través de Jesucristo, podemos meditar continuamente en el hecho de que Dios nos ama, nos cuida y nunca nos abandonará. Incluso cuando los temores se entremeten, y todos los tenemos, no tenemos que prestarles atención porque están arraigados en las mentiras de Satanás. La realidad es que Dios nos ama. Su amor es mucho más grande de lo que podamos ofrecer. Nosotros experimentamos la libertad y la victoria a través del amor de Dios, y esos temores disminuyen y finalmente se desvanecen.

El Amor Abundante

En el capítulo tres de Efesios, Pablo ora por el poder de Dios para poder entender el gran amor de Dios (Efesios 3:16–18). A veces pensamos que Dios no tiene suficiente amor para darles a todos. ¿Quizás su pozo se secará? ¿Será que habrá suficiente para mí? Después de hablar sobre el amor de Dios en Efesios 3, Pablo dice:

> Al que puede hacer muchísimo más que todo lo que podamos imaginarnos o pedir, por el poder que obra eficazmente en nosotros, ¡a él sea la gloria en la iglesia y en Cristo Jesús por todas las generaciones, por los siglos de los siglos! Amén (Efesios 3:20–21).

El amor de Dios trae consigo la esperanza de una petición contestada. Dios hará más de lo que podamos pedir o imaginar. Él quiere responder a nuestra oración, en Su tiempo, por Su gran amor por nosotros. A veces la respuesta es no porque Él sabe lo que es mejor para nosotros. Pero Dios siempre nos escucha y hará lo mejor para nosotros. Jesús dice: "Pues si ustedes, aun siendo malos, saben dar cosas buenas a sus hijos, ¡cuánto más su Padre que está en el cielo dará cosas buenas a los que le pidan! (Mateo 7:11).

Antes de conocer a mi esposa Celyce, estaba seguro de que Brenda era la indicada para mí. Ahora estoy tan contento de que Dios haya cerrado esa puerta porque Él sabía lo mejor. Luego estaba Carol. Pensé, "Dios, ella es perfecta para mí". Pero Dios tenía a alguien más para mí que iba mucho más allá de mis expectativas. Celyce Hahn. Ella era a quien Dios me había preparado antes de la fundación del mundo, y me la trajo en Su tiempo.

Dios quiere darnos regalos que van mucho más allá de todo lo que podemos pedir o imaginar. Dios nos dice que pidamos, busquemos y clamemos (Mateo 7:7). Él responde a la oración y bendice a Sus hijos por Su gran amor. Nuestra victoria y confianza en esta vida se basan en el amor de Dios y Su deseo de bendecir y responder a nuestra oración.

El Amor Castigador

Dios es un Padre perfecto. La canción "Buen, Buen Padre," original-
mente escrita por Pat Barrett y Tony Brown de *Housefires*, fue popu-
larizada por líderes de alabanza como Chris Tomlin. Me encanta
esta canción porque me habla de lo bueno que es Dios. Es un buen,
buen padre. Sin embargo, como un gran Padre, también tiene que
disciplinarnos. Y debemos recordar que Dios actúa en amor cuando
nos disciplina. Él hace esto para hacernos más como Él y moldearnos a Su imagen. El escritor de Hebreos destaca esta verdad,

> Y ya han olvidado por completo las palabras de aliento que como
> a hijos se les dirigen: "Hijo mío, no tomes a la ligera la disciplina
> del Señor ni te desanimes cuando te reprenda, porque el Señor disci-
> plina a los que ama, y azota a todo el que recibe como hijo" (Hebreos
> 12:5–6).

Porque Dios nos ama, nos disciplina y nos reprende. Sí, este
tipo de castigo es doloroso, pero Dios nos ama y lo hace para nuestro bien. Él es un Padre celestial amoroso.

Me gusta decirle a la gente que tengo los nietos más hermosos
del mundo: Levi, Isaiah y Finn. Nuestra hija Sarah y su esposo Jake
han hecho un trabajo excepcional al criarlos. En una visita reciente,
vimos a Sarah disciplinando a Isaiah y Levi. Cruzaron la línea, y
como Sarah los ama, respondió disciplinándolos. Jake y Sarah quieren que sus hijos obedezcan. Están pensando en el bien de sus hijos.
Sin embargo, Jake y Sarah son pecadores, como el resto de nosotros.
Hacen lo mejor que pueden con buenas intenciones, pero no son
perfectos. Solo Dios es. Y cuando Dios nos disciplina, lo hace con
una intención perfecta en mente. Él desea hacernos más como Jesús.

Dios a menudo usa el dolor y las pruebas para quitar las aspe-
rezas y las intenciones pecaminosas. Nuestros corazones claman en
agonía, pero Él es un Padre amoroso y, a través de su proceso de
purificación, nos acercaremos más a Él y descubriremos una mayor
victoria en la vida cristiana.

El Amor que Permanece

Confiar en el amor de Dios debe ser un ejercicio diario y parte de la obra continua del Espíritu Santo en nosotros para hacernos más como Jesús (un proceso en teología llamado *santificación*). Al responder a la obra del Espíritu Santo en nosotros, un aspecto crítico es nuestro permanecer en Su amor. La verdadera victoria fluye de su presencia amorosa, de momento a momento.

La palabra "empaparse" es una excelente metáfora de permanecer en el amor de Dios. Como una esponja que se empapa de agua, Dios quiere que seamos impregnados continuamente de su amor. Pablo dijo: "Que el Señor los lleve a amar como Dios ama, y a perseverar como Cristo perseveró" (2 Tesalonicenses 3:5). Observa Su gracia en esta porción. *Que el Señor los lleve . . .* Dios es quien nos recuerda de Su amor.

Dios nos dirige constantemente a Su amor. Él sabe que no podemos vivir en victoria sin ella. Una oración importante que puedes hacer es que el Señor te ayude a estar consciente de Su amor. Judas declara en los versículos 20 y 21: "Ustedes, en cambio, queridos hermanos, manténganse en el amor de Dios, edificándose sobre la base de su santísima fe y orando en el Espíritu Santo, mientras esperan que nuestro Señor Jesucristo, en su misericordia, les conceda vida eterna". Judas habló de los falsos profetas impíos que cayeron bajo la ira de Dios al facilitar la perdición de otros. Por el contrario, los creyentes deben permanecer conectados al amor de Dios.

Necesitamos la gracia de Dios para mantenernos en el amor de Dios. Solo Él puede ayudarnos a permanecer en Su gran amor por nosotros. Podemos descansar y permanecer en el amor de Dios en medio de pruebas, tentaciones e incluso caos emocional, o cuando nuestros sentimientos se vuelven negativos y oscuros. Nada nos podrá separar del amor de Dios en Jesucristo nuestro Señor. Al recordar Su amor, crecemos en nuestra confianza en Cristo y en victoria.

Te invito a meditar en los siguientes versículos y a luego hacer personal el amor de Dios en tu propia vida.

- Sofonías 3:17: "Porque el Señor tu Dios está en medio de ti como guerrero victorioso. Se deleitará en ti con gozo, te renovará con su amor, se alegrará por ti con cantos." Ora así: "Dios, calma las tormentas dentro de mí y ayúdame a permanecer en Tu amor".

- Salmo 17:7: "Tú, que salvas con tu diestra a los que buscan escapar de sus adversarios, dame una muestra de tu gran amor". Ora así: "Dios, muéstrame las maravillas de Tu amor. Ayúdame a refugiarme en Tu amor por mí".

- Salmo 40:11: "No me niegues, Señor, tu misericordia; que siempre me protejan tu amor y tu verdad". Ora así: "Señor, que Tu amor y misericordia permanezcan y me protejan siempre".

- Salmo 90:14: "Sácianos de tu amor por la mañana, y toda nuestra vida cantaremos de alegría". Ora así: "Señor, ayúdame a encontrar satisfacción en Ti y en Tu amor por mí".

Juan usa la palabra *creer* para recordarles a sus lectores que dependan y se aferren continuamente al amor de Dios. Él dice: "Y nosotros hemos llegado a saber y creer que Dios nos ama. Dios es amor. El que permanece en amor, permanece en Dios, y Dios en él" (1 Juan 4:16). No tenemos que temer porque Su amor es sólido como una roca. Y Dios quiere que confiemos en Su amor siempre. Su amor es la característica permaneciente de nuestra relación con Él. Su amor también nos da la victoria.

El peligro en la vida cristiana es perder el enfoque y preocuparnos más por lo que hacemos por Dios en lugar de experimentar el amor de Dios y permitir que su amor fluya a través de nosotros.

Olvidamos que Dios quiere que permanezcamos en una relación de amor con Él y que todas las cosas buenas que hagamos deben ser producto de esa relación de amor.

La iglesia de Éfeso sirve como un ejemplo de enfocarse demasiado en las buenas obras. Estaban haciendo tantas cosas para Dios que perdieron de vista al Dios al que servían. Después de elogiarlos, Jesús dijo: "Sin embargo, tengo en tu contra que has abandonado tu primer amor. ¡Recuerda de dónde has caído! Arrepiéntete y vuelve a practicar las obras que hacías al principio. Si no te arrepientes, iré y quitaré de su lugar tu candelabro" (Apocalipsis 2:4–5). La exhortación de Cristo a la iglesia de Éfeso es una advertencia para nosotros. Debemos priorizar ante todo nuestra relación de amor con Dios y luego permitir que Su amor se desborde hacia los demás a través de nuestro servicio a ellos. Esta es la manera de dar fruto y obtener la victoria.

El Amor que Nos Motiva

En el pasado, me preocupaban y motivaban demasiado los resultados externos, como el crecimiento de la iglesia, la venta de libros, los elogios después de una predicación, entre otros. Dios ha estado purificando mi corazón y mostrándome que la mejor motivación es Su amor. El amor de Dios en mí y a través de mí es la motivación que agrada a Dios y le da gloria.

Cuando conocemos el amor de Dios, queremos servir a los demás, como dice Pablo: "El amor de Cristo nos obliga, porque estamos convencidos de que uno murió por todos, y por consiguiente todos murieron. Y él murió por todos, para que los que viven ya no vivan para sí, sino para el que murió por ellos y fue resucitado" (2 Corintios 5:14-15).

Al escribir sobre la motivación de amor de Pablo en 2 Corintios 5:14, Jerry Bridges dice:

El Nuevo Testamento de Williams es bien conocido por su cuidadosa traducción de los tiempos verbales griegos, y es particularmente útil aquí. Williams tradujo así la primera frase de 2 Corintios 5:14: "Porque el amor de Cristo me obliga continuamente". Note el uso de la palabra *continuamente*, indicando que el amor de Cristo es el manantial constante de la motivación de Pablo todos los días. Pablo nunca perdió de vista, nunca olvidó, nunca dio por sentada la muerte de Cristo por él. Y al reflexionar sobre este amor infinito manifestado en la muerte de Cristo, fue motivado, no, fue obligado e impulsado a vivir para Aquel que murió por él y resucitó.[5]

Ninguno de nosotros tiene mucho tiempo en esta tierra. Necesitamos pedirle a Dios que nos impulse a amar a los demás en estos días cortos. Solo podemos hacer esto si permanecemos en Su amor por nosotros. Amamos porque Él nos amó primero. La buena noticia es que podemos tener una motivación victoriosa para seguir adelante en esta vida.

Mi encuentro con el amor de Dios en marzo de 2021 fue un cambio radical. Aún no he llegado a la meta y necesito meditar diariamente en Su amor por mí. Sin embargo, me doy cuenta de que poco a poco está cambiando mi necesidad de impresionar a los demás y lograr objetivos personales. Estoy reconociendo cada vez más que Dios quiere que reciba Su amor incondicional, el cual me da vida y que permita que Su amor se desborde hacia los demás. Todo proviene de esa relación y nada más importa realmente. Pronto nos dará la bienvenida a Su reino eterno de amor.

Puntos a Considerar

- ¿Cuál es el principio más importante que has aprendido de este capítulo? ¿Cómo lo aplicarás?
- Describe tu jornada en expermentar el amor de Dios.
- ¿Cuáles son los miedos de tu vida que todavía el amor de Dios debe superar?
- ¿Cómo puede el amor de Dios purificar tus motivaciones actuales?

Verdad Espiritual #3

Recibe la Gracia de Dios

———————◆◇◆————————

ublime Gracia ("Amazing Grace") es probablemente el himno más querido de los últimos dos siglos. Se estima que este himno se canta diez millones de veces al año y ha aparecido en más de 11,000 álbumes. Se hizo referencia a él en la novela contra la esclavitud *La Cabaña del Tío Tom (Uncle Tom's Cabin)* de Harriet Beecher Stowe y tuvo una gran popularidad durante dos de las mayores crisis de nuestra nación: la Guerra Civil y la Guerra de Vietnam. Y su popularidad continúa sin cesar

El autor de "Amazing Grace", John Newton, nació en 1725 en Londres de una madre puritana que murió dos semanas antes de su séptimo cumpleaños. Ella oraba fervientemente por que su hijo se convirtiera en un ministro del evangelio, y Dios finalmente respondió sus oraciones. Su padre era un severo capitán de barco que llevó a John al mar a los once años.

Después de muchos viajes con su padre, Newton fue obligado a servir en la marina británica. Cuando intentó desertar, recibió ocho docenas de latigazos y fue reducido al rango de marinero común. Se sumergió en un estilo de vida depravado y luego dijo acerca de esos días: "Yo era extremadamente vil, de hecho, un poco menos que esa vívida descripción de un estado casi irrecuperable descrito en 2 Pedro 2:14,"Tienen los ojos llenos de adulterio y son insaciables en el pecar; seducen a las personas inconstantes; son expertos en la avaricia, ¡hijos de maldición!".[8]

Con el tiempo, se convirtió en un comerciante de esclavos, incluso fue dueño de su propia embarcación que transportaba a miles de esclavos al imperio lejano de Inglaterra. En un viaje de regreso a casa, mientras intentaba dirigir el barco a través de una violenta tormenta, experimentó lo que más tarde llamó su "gran liberación". Escribió en su diario que cuando todo parecía perdido y que el barco seguramente se hundiría, exclamó: "Señor, ten piedad de nosotros". Más tarde en su camarote, reflexionó sobre lo que había dicho y comenzó a creer que Dios le había hablado a través de la tormenta y que la gracia de Dios había comenzado a obrar en él.[9] Newton tomó esto como una señal del Todopoderoso que lo condujo a su conversión al cristianismo.

La gracia de Dios transformó a Newton. Renunció al comercio de esclavos y trabajó con William Wilberforce para abolirlo por completo. Se esforzó por ver a todos los hombres y mujeres liberados de la esclavitud física y espiritual, escribiéndole a un compañero ministro en 1764: "Recuerda tu alto llamado, eres un ministro y embajador de Cristo, estás comisionado [. . .] para conducir la guerra en el reino de Satanás, asaltar sus fortalezas y rescatar a sus cautivos, tendrás poco tiempo para pensar en otra cosa que no sea esta".[10]

En 1772, escribió *Sublime Gracia* ("Amazing Grace"), que expresaba su gratitud por la misericordia y la gracia de Dios por salvarlo de una vida de pecado. En la pared de su estudio, pintó el texto: "Recuerda que fuiste esclavo en Egipto, y que el Señor tu Dios te dio libertad. Por eso te doy ahora esta orden". (Deuteronomio 15:15)[11] Sublime gracia del Señor que a un infeliz salvó.

No Estamos Bien

Libros como *Estoy bien; Estás bien (I'm Okay; You're Okay),* son populares porque la gente no se siente bien. El problema de la culpa y la condena es generalizado. Es un estilo de vida. Una epidemia. La gente no tiene soluciones para su culpa. Se sienten condenados y no amados. Luego buscan respuestas.

Una persona me dijo recientemente: "El año pasado, sentí oleadas de culpa y vergüenza en mi vida". Luego continuó compartiendo sobre su madre que lo rechazó cuando era niño. Ella se mudó de la casa cuando él tenía cinco años y fue reemplazada por una madrastra que nunca lo trató como si fuera su hijo. Intentó superar estos sentimientos de culpa y vergüenza siendo una mejor persona y a través de buenas obras. Intentaba superar lo malo haciendo cosas buenas. Esta es una forma común pero poco satisfactoria en la que las personas lidian con la culpa y la vergüenza.

Necesitamos la gracia de Dios para vivir en victoria. Solo por fe en lo que Jesús hizo en la cruz podemos estar completos, e incluso perfectos, ante Dios.

Todo se ha Cumplido

Cuando Jesús murió en la cruz, dijo estas palabras: "todo se ha cumplido". El precio que Jesús pagó por el pecado del hombre terminó en la cruz. Dios proporcionó la solución a la culpa. Se sacrificó en la cruz (Filipenses 2:5–11). La victoria en Cristo sin el amor y la libertad que proviene del perdón que Jesús pagó en la cruz es imposible. La gracia de Dios reemplaza nuestras pesadas cargas con la suya que es fácil y ligera.

No se trata de lo que he hecho, sino de lo que Cristo ha hecho por mí. Soy justo en Jesús. Él es mi esperanza, mi plenitud, mi todo en todo. En Jesús estoy vivo; tengo paz. Jerry Bridges escribe:

> Todos nos encontramos en un estado de ruina, pero ahora Dios ha provisto un remedio: una justicia que viene de Dios a través de la fe en Jesucristo. Se dice que esta justicia está "separada de la ley", es decir, aparte de cualquier consideración de cuán bien o no tan bien hayamos obedecido la ley de Dios [. . .] Somos justificados por su gracia. Es por la gracia de Dios que somos declarados justos delante de Él. Todos somos culpables ante Dios: condenados, viles e inútiles [. . .] Él no nos debía nada; nosotros le debíamos todo. Pero, debido

a su gracia, Dios no nos envió a todos al infierno; en cambio, nos proporcionó un remedio a través de Jesucristo.[12]

Los que conocen a Jesús son totalmente limpios y completos. Todo pecado ha sido perdonado. La victoria viene a través de Jesús y solo de Él. Las Escrituras declaran que ahora no hay condenación (Romanos 8:1) y que Dios nos ama simplemente por su misericordia (Efesios 2:4–5).

Nuestras emociones suben y bajan. Nos sentimos bien un momento y terribles al siguiente. Incluso tratar de llegar a ser lo suficientemente espiritual como para que Dios nos use puede ser engañoso. No siempre nos sentiremos llenos del Espíritu y listos para servir, no importa cuánto lo intentemos. Nuestros sentimientos pueden engañarnos.

Los hechos son mucho más confiables. Y este es un hecho: Jesús murió en nuestro lugar, el justo por los injustos. Isaías 53:5–6 dice:

> Él fue traspasado por nuestras rebeliones, y molido por nuestras iniquidades; sobre él recayó el castigo, precio de nuestra paz, y gracias a sus heridas fuimos sanados. Todos andábamos perdidos, como ovejas; cada uno seguía su propio camino, pero el Señor hizo recaer sobre él la iniquidad de todos nosotros.

Somos justificados por nuestra fe en Jesús y se nos da una posición de honor ante Dios. La forma más fácil y rápida de entender la gracia es el acrónimo en inglés:

G: God's
R: Riches
A: At
C: Christ's
E: Expense
(Las riquezas de Dios a expensas de Cristo)

Podemos recibir todas las riquezas de Dios por lo que Jesús ha hecho por nosotros. Cada vez que pensamos que debemos agregar a lo que Dios ya ha hecho por nosotros en Jesucristo, inconscientemente estamos diciendo que el sacrificio de Cristo no fue suficiente. Comenzamos a confiar en nuestras propias buenas obras en lugar de en su obra terminada. Él ha pagado el precio. La Palabra de Dios dice:

- "En consecuencia, ya que hemos sido justificados mediante la fe, tenemos paz con Dios por medio de nuestro Señor Jesucristo. También por medio de él, y mediante la fe, tenemos acceso a esta gracia en la cual nos mantenemos firmes. Así que nos regocijamos en la esperanza de alcanzar la gloria de Dios." (Romanos 5:1–2). Note que hemos sido completamente justificados por la fe en Cristo y solo por Cristo.

- "Y ahora que hemos sido justificados por su sangre, ¡con cuánta más razón, por medio de él, seremos salvados del castigo de Dios!" (Romanos 5:9). Hemos sido completamente justificados y hechos justos por la gracia de Dios. Estamos totalmente completos en él.

- "Al que no cometió pecado alguno, por nosotros Dios lo trató como pecador, para que en él recibiéramos la justicia de Dios." (2 Corintios 5:21). El gran intercambio se ha llevado a cabo entre nosotros y Dios. Él tomó nuestros trapos sucios y nos dio su propia justicia. Recibimos el cielo en lugar del infierno por una sola razón: la fe en Jesucristo.

- Gálatas 3:13 nos dice "Cristo nos rescató de la maldición de la ley al hacerse maldición por nosotros", [en lugar de nosotros]. Jesús se convirtió en una maldición para nosotros a fin de redimirnos de la maldición de la ley.

- "¡Dichosos aquellos a quienes se les perdonan las transgresiones y se les cubren los pecados! ¡Dichoso aquel cuyo pecado el Señor no tomará en cuenta!" (Romanos 4:7–8). Somos bendecidos porque nuestros pecados han sido limpiados y perdonados. Sin condenación, solo libertad por lo que Jesús ha hecho por nosotros.

La Biblia entera señala la gracia de Dios para sus hijos a través de la cruz de Cristo. Incluso el sistema de sacrificios del Antiguo Testamento se cumplió en Jesús. Las buenas obras nunca fueron suficientes. Dios se sacrificó por nosotros. C. H. Spurgeon dijo:

> Si crees en Jesús, es decir, si confías en Él, todos los méritos de Jesús son tus méritos, te son imputados; todos los sufrimientos de Jesús son tus sufrimientos. Cada uno de sus méritos te son imputados. Tú estás delante de Dios como si fueras Cristo porque Cristo estuvo delante de Dios como si fueras tú— Él en tu lugar, tú en su lugar. ¡Sustitución! ¡Esa es la palabra! Cristo, el sustituto de los pecadores —Cristo defendiendo a los hombres y sobrellevando el castigo de la oposición divina a todo pecado, Él "siendo hecho pecado por nosotros cuando no había conocido pecado". El hombre parado en el lugar de Cristo, y recibiendo la luz del sol del favor divino, en lugar de Cristo.[13]

No podemos merecer el favor de Dios. Simplemente creemos en Dios y confiamos en Él. Sin Él, no podemos hacer nada. En Él, podemos hacer todas las cosas. Somos comprados por un precio— el precio de la sangre de Cristo (1 Corintios 6:20). Las Escrituras enseñan que el pecado está tan dentro de nosotros que las buenas obras no lo eliminarán. Es como un paciente con cáncer que intenta deshacerse del cáncer ayudando a los pobres. David dice: "Yo sé que soy malo de nacimiento; pecador me concibió mi madre" (Salmo 51:5). Pablo dice: "pues todos han pecado y están privados de la gloria de Dios" (Romanos 3:23). Isaías descubre el engaño de la justicia mediante buenas obras cuando dice: "Todos somos como gente impura; todos nuestros actos de justicia son como trapos de inmundicia." (Isaías 64:6).

Tengo la tradición de ver la película de Mel Gibson *La Pasión de Cristo* el Viernes Santo cada año. Luego me voy a leer el excelente libro de John Stott, *La cruz de Cristo (The Cross of Christ)*. Stott escribe: "El pueblo de Dios aún puede vencer al diablo 'por la sangre del Cordero', y estar seguro de que la victoria final será de Él y de ellos, ya que el Cordero demuestra ser 'Señor de señores y

Rey de reyes'".[14] Los relatos de la muerte de Cristo nos recuerdan que somos:

- justificados
- perdonados
- reconciliados
- limpiados
- libertados
- liberados de las ataduras

Los himnos dicen la verdad:

- "Nada en mi mano traigo; solo a tu cruz me aferro".
- "Jesús lo pagó todo; todo se lo debo a él; el pecado había dejado una mancha carmesí, pero Él la lavó dejándola blanca como la nieve".

Todo se ha cumplido. No tenemos que ganarnos el favor de Dios. Somos agradables a Dios por lo que Cristo ha hecho por nosotros y nuestra fe en Jesús. Las buenas obras vienen como resultado de confiar en Jesús, no al revés.

Eres Amado. Ahora Mismo.

Martín Lutero trató desesperadamente de ser lo suficientemente bueno como para recibir el amor de Dios. Después de todo, sus propios padres terrenales eran muy exigentes y difíciles de complacer. Lutero recordó, "[que] por robar una nuez, mi madre una vez me golpeó hasta que la sangre fluyó".[15] Su padre, Hans, también disciplinó a su hijo con mano dura. Lutero dijo: "Mi padre una vez me azotó con tanta fuerza que me escapé, lo odié hasta que finalmente logró ganarse mi cariño".[16]

Como joven monje, trató de ganarse el favor de su Padre celestial rehusándose a las lujurias y los apetitos carnales. Se arrojaba al suelo y se arrastraba por el polvo en su búsqueda para negarse a la carne. Pensó que podría doblegarse hasta la sumisión y que Dios finalmente lo aceptaría. Pero sus deseos carnales seguían volviendo con venganza. Por lo que se castigaba con más severidad. Las cosas empeoraron. Y todo esto fue a fin de agradar a Dios y esforzarse más por vivir una vida santa.

Un sabio obispo, Johann von Staupitz, vio la frustración de Lutero y recomendó un cambio de rumbo. Johann lo envió a estudiar las Escrituras con el objetivo de enseñar a otros. Lutero tuvo la oportunidad de estudiar la Biblia en los idiomas originales. Lo que aprendió, cambió su vida y la historia del cristianismo.

Lutero entendió el tema de la gracia y la autoridad de las Escrituras. Comenzó a comparar las tradiciones de la iglesia con la Biblia. A la luz de las Escrituras, la Iglesia estaba desviando a otros e incluso enseñando doctrinas falsas. Lutero recuperó la verdad bíblica de que los creyentes son justificados por fe en la muerte de Cristo en la cruz. Luego le escribió a un monje en apuros:

> Aprende a conocer a Cristo y a Él crucificado. Aprende a cantarle y decirle: Señor, Jesús, tú eres mi justicia, yo soy tu pecado. Asumiste lo que era mío; sin embargo, pon en mí lo que era tuyo. Te convertiste en lo que no eras, para que yo pudiera convertirme en lo que no era".[17]

Lutero se convirtió en una persona nueva mientras caminaba por fe. Sintió una nueva libertad y pudo predicar con valentía. Aunque a los sacerdotes se les prohibía casarse, Lutero entendió la libertad que tenía a través de la fe en Cristo y se casó con Katharina von Bora. Ella se convirtió en una compañera íntima y ayudante en el ministerio.

La gracia lo cambió todo. La victoria de Lutero vino de la gracia de Dios y del hecho de que fue amado por Dios, no por lo que había hecho o haría alguna vez. Steve McVey dice en su libro, *Caminar en Gracia (Grace Walk)*:

Hice todo lo que creía que un cristiano debía hacer para agradar a Dios, y sin embargo nunca fue suficiente. Nunca pude experimentar gozo en Jesús debido a mi enfoque en las disciplinas espirituales aún pendientes. No importa cuántas millas espirituales viajaba, siempre veía el "deberías" delante de mí desplegarse en el horizonte. Raramente disfruté del paisaje en el camino.[18]

A veces, incluso las disciplinas espirituales pueden convertirse en leyes que condenan a las personas. Debemos recordar constantemente que es solo por gracia, y su gracia se desborda en nuestras vidas y en la vida de los demás. Steve McVey continúa diciendo:

Puede sonar extraño, pero realmente comencé a disfrutar la Biblia cuando me di cuenta de que no tenía que leerla. ¿De cuánto de la ley ha sido liberado el cristiano? ¡De toda ella! ¿Existe una ley que requiera que leamos la Biblia una cierta cantidad de tiempo cada día? ¡NO! Entonces, ¿por qué leerla? Porque tenemos un deseo de tener comunión con Dios a través de su Palabra. Un enfoque orientado a la gracia para el estudio de la Biblia crea hambre, mientras que un enfoque orientado a la ley lo convierte en una tarea agotadora que debe hacerse.[19]

A Satanás le encanta condenarnos con esos dardos de *nunca es suficiente*. Satanás y sus demonios usan una variación de esta condena. "No eres lo suficientemente bueno". "No tienes lo que se necesita". "Eres un fracaso". Las Escrituras llaman a Satanás el "acusador de nuestros hermanos y hermanas" (Apocalipsis 12:10). Él nos susurra al oído que no hemos hecho lo suficiente o que hemos fallado en lo que tratamos de hacer por Dios. A menudo es en esos momentos silenciosos y desprotegidos, cuando nuestras defensas están bajas y nuestras mentes en neutro, que Satanás vendrá con dudas y pensamientos oscuros.

Cuando Satanás lanza sus dardos, necesitamos volver a las Escrituras una y otra vez. Necesitamos recordar Romanos 8:1, "ya no hay ninguna condenación". Solo en la obra terminada de Jesús y su victoria descubrimos plenitud y libertad.

Nuestra victoria proviene del amor inmerecido de Dios por nosotros debido a lo que Jesús ha hecho en la cruz. Isaías dice: "Él fue traspasado por nuestras rebeliones, y molido por nuestras iniquidades; sobre él recayó el castigo, precio de nuestra paz, y gracias a sus heridas fuimos sanados". (Isaías 53:5). Recibimos la victoria por la muerte de Cristo. Y el amor de Dios a través de Cristo es inseparable. Pablo, en Romanos 8:34–39, proclamó:

> ¿Quién condenará? Cristo Jesús es el que murió, e incluso resucitó, y está a la derecha de Dios e intercede por nosotros. ¿Quién nos apartará del amor de Cristo? ¿La tribulación, o la angustia, la persecución, el hambre, la indigencia, el peligro, o la violencia? Así está escrito: "Por tu causa siempre nos llevan a la muerte; ¡nos tratan como a ovejas para el matadero!" Sin embargo, en todo esto somos más que vencedores por medio de aquel que nos amó. Pues estoy convencido de que ni la muerte ni la vida, ni los ángeles ni los demonios, ni lo presente ni lo por venir, ni los poderes, ni lo alto ni lo profundo, ni cosa alguna en toda la creación podrá apartarnos del amor que Dios nos ha manifestado en Cristo Jesús nuestro Señor.

Somos victoriosos en Cristo. Él nos acepta por su hijo Jesús. Su vida es nuestra vida. La gracia de Dios reemplaza la carga pesada por una fácil y ligera (Mateo 11:30).

Aprendiendo a Depender

Durante los meses de abril y mayo de 2016, mi esposa y yo fuimos invitados a hablar en diez estados diferentes de Brasil, volando en un pequeño avión de estado a estado. Al principio pude manejar el estricto horario, pero a medida que pasaban los días, me frustraba cada vez más.

En ese momento, sentí que la unción de Dios en mi manera de hablar dependía en gran medida de mi preparación espiritual, mental y física. Al principio, pude encontrar suficiente tiempo para los devocionales, el sueño y la preparación. Pero a medida que avanzaban los días, nuestro horario lo hizo imposible. Llegábamos a una ciudad a altas horas de la noche y se esperaba que nos encontrarnos con personas en el vestíbulo del hotel muy temprano. Cargábamos la camioneta y partíamos para hablar con las multitudes que esperaban. Llegué a un punto de quiebre en Recife, Brasil. Estaba agotado y mis ponencias lo resintieron. Simplemente me desvanecí y me faltó confianza en mis charlas matutinas. Le pedí a Luiz, un compañero de trabajo, que encontrara un lugar donde pudiera buscar al Señor. Pensé que podría levantarme nuevamente si oraba con diligencia y pasaba tiempo con Jesús. Mi esposa y yo nos sentamos en esa habitación calurosa mientras intentaba volverme más espiritual. Mi esposa estaba relajada, pero yo estaba frustrado. La gente llamaba a la puerta, tratando de ayudarnos, pero yo estaba teniendo "mis devocionales". Pero en realidad, estaba tratando de llegar a ser lo suficientemente espiritual para que Dios me usara. Sin embargo, nada funcionó.

Me llegó el momento de hablar por la tarde, pero no me sentía listo. El orador antes que mí fue dinámico, divertido y respondió preguntas perfectamente. También hablaba en su idioma natal. Temía hablar después de él porque me comparaba con él y me sentía deficiente. De repente, fue mi turno. Incluso después de todos mis devocionales adicionales, me encontré seco, sin humor, incapaz. Mientras miraba las caras cansadas, me preguntaba si debería mejor parar. Ansiaba esconderme en algún lado. Clamé en mi interior por fuerza, pero finalmente me detuve. Les pedí a los participantes que se dividieran en grupos y luego, después de un corto tiempo, respondí preguntas.

No me sentía lo suficientemente confiado en mi propia espiritualidad para responder sus preguntas, pero la palabra *gracia* apareció en mi mente. Necesitaba con desesperación lo que no poseía. Necesitaba algo más allá de mi estado emocional y espiritual. Con la gracia de Dios en mente, respondí las preguntas con valentía y crecí en confianza mientras las preguntas continuaban. La gracia me sostuvo. Luego, valientemente, oré por las personas, firmé libros, me tomé fotos y todo terminó bien.

Mientras conducíamos hacia el pequeño avión para llevarnos al próximo estado brasileño, reflexioné sobre lo que había sucedido. Me di cuenta de que la gracia de Dios me había sostenido y me había dado confianza— no mis propias buenas obras y espiritualidad, sino el favor inmerecido de Dios. Me di cuenta de que nunca tendría suficientes devocionales, ni alcanzaría un nivel de espiritualidad para ganar suficiente confianza. Todo lo que tenía que hacer era confiar en la obra terminada de Cristo y en mi posición en Jesús. Confiar en la gracia de Dios me hizo completo, me dio confianza y me preparó para todas las situaciones, lo que me permitió descansar en Jesús.

La gracia de Dios me dio una nueva confianza en las semanas que siguieron. Todavía tuvimos muchas más conferencias en varias ciudades y estados de todo Brasil. Pero a medida que volábamos o manejábamos a los nuevos lugares, tuve nuevas esperanzas y fuerzas, que no dependían de mi preparación o habilidad, sino de Cristo.

Si llegábamos tarde a una ciudad, y no había podido descansar mucho o no había podido pasar un tiempo completamente tranquilo con Jesús, seguía confiando en la obra de Cristo en mí. Me apoyé en la gracia de Dios, no en la mía, y Él obró cada vez de una manera maravillosa. Me sentí fuerte, audaz y ágil. En varios lugares en ese viaje, hablé con multitudes de 3.000 o más y siempre tuve confianza total. ¿Por qué? No dependía de mi propia espiritualidad o habilidades, sino solo de Jesús. Me di cuenta de que mi confianza venía de él y no de mí mismo. Una nueva paz inundó mi vida y mi ministerio.

Escribí esto en mi diario en mayo de 2016, "Gracia, gracia, gracia. Todo se trata de la gracia. No es sobre mí. Se trata de ti, y estás trabajando en mí. Todas las cosas obran para bien para aquellos que aman a Dios. Y amo a Dios. Jesús, gracias. Puedo ver por qué la gracia es una verdad tan poderosa. Solo puedo descansar en la obra de Dios en mí. Dejo de esforzarme. Dejo de pensar en lo que puedo hacer y lo que puedo realizar. Mis ojos están puestos en Jesús y su obra en mí. "

Medita en la Gracia de Dios

Entonces, ¿cómo vivimos este caminar en gracia? ¿Cómo se desarrolla? Caminar en la gracia de Dios significa que debemos volver a las Escrituras continuamente y recordar todas las promesas de Dios acerca de quiénes somos en Cristo. Te reto a que leas cada verso a continuación y repitas la frase en negrita:

1. Romanos 8:1 dice: "Por lo tanto, ya no hay ninguna condenación para los que están unidos a Cristo Jesús". **"Ya no estoy condenado"**.

2. Romanos 5:1 dice: "En consecuencia, ya que hemos sido justificados mediante la fe, tenemos paz con Dios por medio de nuestro Señor Jesucristo". **"Estoy justificado por la fe y tengo paz con Dios"**.

3. 2 de Corintios 5:21 dice: "Al que no cometió pecado alguno, por nosotros Dios lo trató como pecador, para que en él recibiéramos la justicia de Dios". **"Soy justo en Cristo"**.

4. Romanos 6:18 dice: "En efecto, habiendo sido liberados del pecado, ahora son ustedes esclavos de la justicia". **"Estoy libre del pecado"**.

5. Juan 1:12 dice: "Mas a cuantos lo recibieron, a los que creen en su nombre, les dio el derecho de ser hijos de Dios". **"Soy un hijo de Dios"**.

6. Romanos 8:31–32 dice: "Qué diremos frente a esto? Si Dios está de nuestra parte, ¿quién puede estar en contra nuestra? El que no escatimó ni a su propio Hijo, sino que lo entregó por todos nosotros, ¿cómo no habrá de darnos generosamente, junto con él, todas las cosas?" **"Dios está de mi lado"**.

7. Filipenses 4:13 dice: "Todo lo puedo en Cristo que me forta-lece". **"Estoy en Cristo y, por lo tanto, puedo hacer todas las cosas a través de Él".**

8. Efesios 2:10 dice: "Porque somos hechura de Dios, creados en Cristo Jesús para buenas obras, las cuales Dios dispuso de antemano a fin de que las pongamos en práctica". **"Dios tiene un plan perfecto para mi vida".**

9. Efesios 3:20 dice: "Al que puede hacer muchísimo más que todo lo que podamos imaginarnos o pedir, por el poder que obra eficazmente en nosotros". **"Dios es capaz de darme mucho más de lo que podría".**

También animo a las personas a leer libros sobre la gracia. Hay muchos buenos por ahí:

- *Gracia transformadora (Transforming Grace)* de Jerry Bridges
- *Por qué la gracia lo cambia todo (Why Grace Changes Everything)* de Chuck Smith
- *Caminar en gracia (Grace Walk)* de Steve McVey
- *Recuerda quién eres (Remember Who You Are)* de Arron Chambers
- *Confrontado con la verdad (TrueFaced)* de Bill Thrall, Bruce McNicol, y John Lynch

Recuérdate, a través de escribir en un diario, sobre la gracia de Dios en tu vida. Pronto te encontrarás caminando en victoria de forma continua.

La soberanía de Dios lleva a la gracia. Cuando creemos que Dios está en control de todas las cosas, el siguiente paso es comprender que Dios nos ama tal como somos.

Todos nos hemos sentido condenados. Hemos tenido algún pensamiento, realizado una acción o no, respecto a la falta de gracia. El sentimiento de condenación puede acecharnos y rodearnos. Pero debemos recordar que no hay condenación. Así como la soberanía, la gracia nos permite simplemente descansar. Puedo confiar en lo que Jesús me ha dado. Él ya lo hizo. Soy justo en él y solo en él. Puedo encontrar paz en Jesús.

Una Nueva Motivación para Servir

Considero a Chuck Smith, fundador del movimiento Capilla del Calvario (Calvary Chapel), él es una de las personas más influyentes en mi vida porque su enseñanza de la Biblia dirigió mis primeros años de fe. Comencé a asistir a la Capilla del Calvario entre 1973 y 1974. Aunque Jesús me cambió radicalmente, carecía de dirección. Necesitaba la enseñanza de la Biblia.

Más que cualquier otro tema, el tema de la gracia caracterizó la vida y el ministerio de Smith. Su libro *Por qué la Gracia Cambia Todo (Why Grace Changes Everything)* encarna esta enseñanza. En el libro, Smith habla de sus años en el ministerio en los que estaba tratando de ser lo suficientemente bueno como para recibir las bendiciones de Dios. El escribe:

> Estaba convencido de que debía alcanzar un nivel de justicia antes de que Dios me bendijera. Creía que en el momento en que pudiera alcanzar ese nivel, el Espíritu Santo me llenaría. Y, sin embargo, estaba preocupado por lo que veía a mi alrededor. ¿Cómo podría la gente salir de la calle y recibir a Jesucristo como su Salvador, apestando a alcohol y nicotina, y ser bautizados en el Espíritu Santo en ese mismo momento? Sin embargo, así pasaba. No era justo. Aquí había estado yo caminando con el Señor, sirviéndole todo el tiempo, y ellos eran bendecidos y yo no. No podía entender las discrepancias de Dios. Me era imposible armonizar la enseñanza que había recibido con lo que veía que sucedía. ¡Ojalá hubiera entendido la gracia de Dios![20]

Después de que Chuck Smith entendió sobre la gracia, todo cambió. Se dio cuenta de que la bendición de Dios dependía de lo que Jesús hizo por él en la cruz, no de sus buenas obras. El mensaje de gracia de Smith dio esperanza a multitudes y nació el movimiento del Calvario. La capilla del Calvario dio la bienvenida a los hippies, drogadictos y personas inmorales, confiando en la gracia de Dios para transformarlos.

Comenzando con la congregación de veinticinco personas en Costa Mesa en 1965, la influencia de Smith ahora se extiende a más de 1,000 iglesias en todo el país, algunas de las cuales se encuentran entre las iglesias más grandes de los Estados Unidos y cientos más en el extranjero. Ha sido llamado una de las figuras más influyentes en el cristianismo americano moderno.

La gracia de Dios que conduce a la victoria nos mueve a servir a Dios. La gracia bíblica nos enseña que las buenas obras son el resultado del amor de Dios por nosotros y no al revés.

La victoria de Pablo vino como resultado de conocer el amor de Dios. Él dijo: "Anteriormente, yo era un blasfemo, un perseguidor y un insolente; pero Dios tuvo misericordia de mí porque yo era un incrédulo y actuaba con ignorancia. Pero la gracia de nuestro Señor se derramó sobre mí con abundancia, junto con la fe y el amor que hay en Cristo Jesús" (1 Timoteo 1:13–14). ¿Y cómo respondió él al amor y la misericordia de Dios? Él dijo: "Pero por la gracia de Dios soy lo que soy, y la gracia que él me concedió no fue infructuosa. Al contrario, he trabajado con más tesón que todos ellos— aunque no yo, sino la gracia de Dios que está conmigo" (1 Corintios 15:10).

La gracia de Dios trabajando a través de Pablo lo movió a proclamar completamente el evangelio al mundo entonces conocido (Romanos 15:18–20). Pablo logró mucho para Jesús, y muchos lo consideran el plantador de iglesias más grande de todos los tiempos. Sin embargo, no estaba haciendo estas cosas para obtener el favor de Dios, sino que se vio obligado a hacerlo por el amor de Cristo (2 Corintios 5:14).

La Verdadera Victoria Está en la Cruz

Antes de recibir a Jesucristo en 1973, vivía para mis propios deseos y, finalmente, el vacío me llevó a la desesperación. Nada me satisfizo.

En mi búsqueda de paz, me mudé de un oasis a otro, pero todos fueron espejismos. Entonces clamé a Jesús en mi habitación. Él entró en mi vida y me dio la verdadera paz. En ese entonces no era lo suficientemente bueno y nunca lo seré. Más bien, la victoria proviene de su gracia.

A través de la cruz de Cristo, somos perdonados, amados y limpiados de todo pecado. Hebreos 9:14 dice: "Si esto es así, ¡cuánto más la sangre de Cristo, quien por medio del Espíritu eterno se ofreció sin mancha a Dios, purificará nuestra conciencia de las obras que conducen a la muerte, a fin de que sirvamos al Dios viviente!" Nuestra victoria siempre estará en lo que Jesús ha hecho por nosotros.

Toda la historia apunta a Jesús y la cruz, desde el jardín hasta el sistema de sacrificios a través de los profetas que predijeron el Mesías hasta la muerte de Cristo en la cruz. Ahora miramos hacia atrás y disfrutamos del fruto de lo que Jesús ya hizo por nosotros en la cruz.

El mundo llama a esto una locura. ¿Cómo podría Dios enviar a su hijo a morir en la cruz por los pecados del mundo? Pero las Escrituras dicen que Dios ha elegido las cosas débiles de este mundo para humillar a los fuertes y a los necios para confundir a los sabios (1 Corintios 1:27–28). ¿Por qué ha hecho esto? Para que podamos gloriarnos solo en Dios y su cruz (1 Corintios 2:1–5).

Dios señala soberanamente a todos los hombres y mujeres a la cruz donde Jesús murió. Podemos experimentar confianza cuando descansamos en la obra terminada de Jesús. Somos victoriosos por lo que Jesús ha hecho por nosotros y quiénes somos en él. Todo se ha cumplido. Estamos completos.

Puntos a Considerar

- ¿Cuál es el principio más importante que has aprendido de este capítulo? ¿Cómo lo aplicarás?

- Describe tu experiencia de crecimiento en la gracia de Dios.

- ¿En qué áreas de tu vida dependes de tus propias buenas obras, en lugar de en la gracia de Dios?

- ¿Qué pasos puedes tomar para confiar en la gracia de Dios diariamente?

Verdad Espiritual #4
Confía que Dios está en Control

───────◆◇◆───────

El 30 de julio de 1967, Joni Eareckson se zambulló en la bahía de Chesapeake después de calcular mal la profundidad del agua. Ella sufrió una fractura entre los niveles cervicales cuarto y quinto y se convirtió en cuadripléjica, paralizada desde los hombros hacia abajo.

Mientras yacía en el hospital, sabía que se enfrentaba a una vida de graves dificultades y discapacidades. También sabía que iba a ser una carga para otros que tendrían que cuidarla. Día tras día, Joni se hizo las más importantes preguntas sobre la vida: ¿existe Dios? Si Dios existe, ¿le importa? ¿Cuál es el propósito de la vida? Joni concluyó que, si no existía Dios, lo más lógico era suicidarse. El suicidio no solo terminaría con su dolor y su miseria, sino que también aliviaría a las personas que amaba de la tremenda carga que su discapacidad les había impuesto.

Incluso en lo más profundo de su desesperación, Joni no podía sacudirse la creencia de que su vida, y la vida de cada ser humano, tiene un significado y un propósito significativo. Con esa esperanza en mente, Joni comenzó un largo proceso de rehabilitación. Durante su estancia de dos años en el hospital, Joni aprendió a pintar con un pincel en la boca, a cómo hacer que sus brazos se movieran un poco utilizando los músculos de la espalda y a cómo vivir de la manera más independiente posible en su silla de ruedas.

Desde su accidente, Joni ha logrado más de lo que la mayoría de la gente podría imaginar. Se ha convertido en una artista, escritora, músico y fundadora de Joni y Amigos (Joni and Friends), un ministerio que ha llegado a millones. ¿Cuál es su secreto? Ella ha confiado en Dios para usar su terrible situación para dar esperanza a millones. Ella le ha permitido a Dios restaurar sus sueños rotos y sacar lo bueno de una situación terrible. Al momento de escribir esto, Joni ha pasado cincuenta y tres años en una silla de ruedas como cuadripléjica. ¡Ella ha aprendido cosas sobre Dios y sus propósitos que son *"tan* gratificantes" y *"tan* placenteros" que "no cambiaría la silla de ruedas por nada!"[1]

Joni no cree que lo que le sucedió fuera un accidente. Más bien, Dios estaba a cargo y la ha guiado soberanamente hasta este momento. Ella ha aprendido a vivir en victoria, ya que depende del Dios vivo para su apoyo y fortaleza. Ella es la primera en admitir que es débil. A menudo habla de lo difícil que es salir de la cama o hablar en una conferencia. Pero se da cuenta de que Dios está usando su debilidad para recibir toda la gloria.

¿Quién está en Control?

Muchas personas no creen que Dios tenga el control de sus vidas. Piensan que son los capitanes de su propio barco y que realmente no necesitan a Dios. Otros creen que Dios podría existir pero que no está involucrado activamente en sus asuntos personales o en los asuntos del mundo. Es una forma sutil de deísmo— la creencia de que Dios le dio cuerda al reloj y luego lo dejó hasta que se le acabó la cuerda. Según este punto de vista, Dios comenzó el proceso cuando creó el mundo, pero ahora simplemente permite que las cosas sucedan naturalmente sin ninguna guía o influencia

La mayoría de la gente todavía cree en las normas morales, pero no en un Dios que participa activamente en sus vidas. La evolución, no Dios como Creador, se ha convertido en la enseñanza estándar en muchas aulas de todo el mundo. Según esta teoría, todas las criaturas evolucionaron a partir de una serie de adaptaciones y errores al azar que ocurrieron durante eones de tiempo. El tiempo y el azar dieron como resultado la creación de todas las criaturas vivientes, incluidos los seres humanos de acuerdo con la teoría de la evolución. Toda la vida, por lo tanto, es aleatoria, sin propósito y sin un Creador. El nacimiento es un accidente y nuestras vidas no existen después de la muerte.

Las Escrituras, por otro lado, nos dicen que Dios, el Creador, está activamente involucrado en toda su Creación. Pablo dijo: "porque por medio de él fueron creadas todas las cosas en el cielo y en la tierra, visibles e invisibles, tronos, poderes, principados o autoridades: todo ha sido creado por medio de él y para él" (Colosenses 1:16). Confiar en la providencia o soberanía de Dios nos da la victoria en la vida cristiana.

Dios está Activamente Involucrado

En julio de 2002, yo estaba cansado y frustrado. Había escrito un libro devocional que imaginé que sería un éxito de ventas. Había trabajado muy duro no solo para escribir el libro, sino también para comercializarlo y conseguir un importante spot televisivo que iba más allá del plan de mercadeo del editor. Estaba convencido de que el libro sería un éxito desbocado. No lo fue. Nosotros, como familia, acabábamos de llegar a California después de once años en Ecuador. La vida era diferente y difícil a medida que nos adaptábamos a otra experiencia cultural. Añoraba nuestra vida en Ecuador, y luego las ventas de libros comenzaron a fracasar. A medida que las ventas bajaban, me cansaba y me desanimaba cada vez más.

Estaba asistiendo a un campamento familiar con mi esposa, y realmente no quería conocer a otras personas. Estaba demasiado cansado y triste. Fue entonces cuando recordé un curso de teología sistemática que había tomado en el que aprendí sobre el control soberano o providencia de Dios. Recordé cuánto me alivió este tema bíblico en ese entonces, y me di cuenta de que necesitaba saber que Dios tenía el control en ese momento.

Comencé a meditar en la soberanía de Dios, creyendo que Dios estaba guiando mi vida, mis acciones e incluso mis pensamientos. Estaba demasiado cansado para hacer lo contrario. *Dios, ¿puedes guiarme a la mesa donde comeré y conoceré a las personas con las que debería hablar? Simplemente no tengo la energía para planificar mi agenda,* oré. Cuando comencé a confiar en Dios, sentí paz, seguridad y victoria. Ya no me preocupaba con quién hablaba o qué decía. Dejé esos detalles a Dios. Podía descansar en su amor por mí. Proverbios 3:5–6 adquirió un nuevo significado: "Confía en el Señor de todo corazón, y no en tu propia inteligencia. Reconócelo en todos tus caminos, y él allanará tus sendas". Oré, *Dios, quiero comprometerme a tu control desde este día en adelante. No quiero preocuparme por todos los detalles de mi vida. Voy a confiar en que lo tienes todo planeado. Voy a descansar en ti.*

Al salir de ese oscuro período de tiempo, me determiné por confiar en el control soberano de Dios. Comencé a escribir un diario continuamente sobre la participación providencial de Dios en cada aspecto de mi vida. El diario se convirtió en un gran documento, en el que comencé a meditar todos los días. Noté una nueva confianza y victoria en mi vida al depender en él para que me guiara paso a paso, creyendo que Él tenía el control de todas las cosas.

La soberanía de Dios debería darnos esperanza. La victoria llega cuando comprendemos que Dios sabe, se preocupa y guía nuestras vidas a través de nuestras circunstancias. El salmista declara:

> Yo sé que el Señor, nuestro Soberano, es más grande que todos los dioses. El Señor hace todo lo que quiere en los cielos y en la tierra, en los mares y en todos sus abismos. Levanta las nubes desde los confines de la tierra; envía relámpagos con la lluvia y saca de sus depósitos a los vientos. (Salmo 135:5–7).

En esta vida, nada escapa a su tierno cuidado amoroso. Dios conoce el principio, el fin y todo lo demás. A menudo me pregunto, *¿hacia dónde me estoy dirigiendo ahora? ¿estaré en el lugar correcto?* No puedo ver cómo encajan las circunstancias. La vida parece ser al azar y estar fuera de control. En esos momentos vuelvo continuamente a la verdad de la providencia y la guía amorosa de Dios. Disfruto viendo los gorriones en mi patio trasero. Son aves comunes, a diferencia de los colibríes o los pájaros carpinteros. Sin embargo, incluso un gorrión no se escapa de la atención del Padre celestial. Jesús dijo: "¿No se venden cinco gorriones por dos moneditas? Sin embargo, Dios no se olvida de ninguno de ellos. Así mismo sucede con ustedes: aun los cabellos de su cabeza están contados. No tengan miedo; ustedes valen más que muchos gorriones". (Lucas 12:6–7). Jerry Bridges escribe:

> Dios ejerce su soberanía en eventos muy pequeños—incluso en la vida y muerte de un pequeño gorrión. Y el punto que quiere enfatizar Jesús es: si Dios ejerce su soberanía con respecto a los gorriones, ciertamente la ejercerá con respecto a sus hijos.[2]

Los humanos son la joya de la creación de Dios, y él valora cada aspecto de sus vidas. Escucha cómo David describe el amor y la intimidad de Dios para con su creación:

> Mis huesos no te fueron desconocidos cuando en lo más recóndito era yo formado, cuando en lo más profundo de la tierra era yo entretejido. Tus ojos vieron mi cuerpo en gestación: todo estaba ya escrito en tu libro; todos mis días se estaban diseñando, aunque no existía uno solo de ellos. ¡Cuán preciosos, oh Dios, me son tus pensamientos! ¡Cuán inmensa es la suma de ellos! Si me propusiera contarlos, sumarían más que los granos de arena. Y, si terminara de hacerlo, aún estaría a tu lado. (Salmos 139:15–18)

En las Escrituras, Dios dice: "No tengan miedo, mi rebaño pequeño, porque es la buena voluntad del Padre darles el reino." (Lucas 12:32). Él no quiere que trabajemos, sudemos e intentemos resolverlo por nuestra cuenta. Jesús dijo en Mateo 11:28–30: "Vengan a mí todos ustedes que están cansados y agobiados, y yo les daré descanso. Carguen con mi yugo y aprendan de mí, pues yo soy apacible y humilde de corazón, y encontrarán descanso para su alma. Porque mi yugo es suave y mi carga es liviana". La victoria viene al saber que podemos confiar en su voluntad soberana.

Incluso cuando la vida parece imposible y fuera de control, sabemos que Dios es todopoderoso y puede cambiar las circunstancias actuales—y a menudo lo hace. Las Escrituras nos dicen que Él es capaz de hacer muchísimo más de lo que pedimos o imaginamos (Efesios 3:20). ¿Cómo? Debido a su poder divino obrando en nosotros y a través de nosotros (Efesios 3:20). Confiar en la soberanía de Dios es un desafío diario de creerle a Dios y resistir la duda natural que nos lleva a creer que debemos resolverlo todo.

Este versículo muy querido en Romanos 8:28 debería ser nuestra lámpara, "Ahora bien, sabemos que Dios dispone todas las cosas para el bien de quienes lo aman, los que han sido llamados de acuerdo con su propósito". Dios está guiando y dirigiendo todas las cosas para cumplir su plan para nuestras vidas. Tiene en mente el mejor resultado posible para nosotros. Nuestra propia comprensión es defectuosa y limitada. Pero el Dios del universo ve cada circunstancia y sabe cómo nos beneficiará ese problema. Podemos descansar e incluso relajarnos cuando sabemos que Dios nos está guiando a través de nuestras circunstancias.

Dios incluso toma nuestros fracasos y los usa para su gloria y nuestro bien. El profeta Jeremías describe nuestras vidas como arcilla en la mano de un alfarero (Jeremías 18). Comenzamos sin forma, pero el alfarero sabe lo que está creando y formando. E incluso si la olla está estropeada o rota, el alfarero puede hacer un recipiente nuevo, algo aún mejor. Del mismo modo, Dios toma los errores y defectos y los usa para beneficiarnos. Por supuesto, durante las pruebas y las dificultades, es difícil entender la intención del alfarero, pero las Escrituras nos dicen una y otra vez que podemos confiar en un Dios amoroso y afectuoso que tiene un plan perfecto para nosotros.

Ana, una mujer en el Antiguo Testamento que tuvo problemas para quedar embarazada, no se dio cuenta de que Dios tenía un plan para su hijo que estaba por nacer. Ana experimentó dolor e incluso vergüenza por no tener un hijo. Dios usó el período de espera y sufrimiento para llevar a Ana al punto de dedicar a su hijo, Samuel, al servicio de Dios. En su estado de ansiedad, ella clamó a Dios y Él respondió. El hijo de Ana, Samuel, se convirtió en uno de los más grandes profetas del Antiguo Testamento. Más tarde ella dijo: "Del Señor vienen la muerte y la vida; él nos hace bajar al sepulcro, pero también nos levanta. El Señor da la riqueza y la pobreza; humilla, pero también enaltece." (1 Samuel 2:6–7).

La soberanía de Dios se remonta a nuestros genes, esas combinaciones íntimas que Dios había planeado antes de la creación del mundo. Observa cómo Pablo describe su maravilloso plan para nosotros: «En Cristo también fuimos hechos herederos, pues fuimos predestinados según el plan de aquel que hace todas las cosas conforme al designio de su voluntad». (Efesios 1:11).

Dios Gobierna sobre las Naciones

Uno de los más grandes emperadores romanos fue César Augusto. Él pensó que era dios e incluso exigió adoración. Cuando ordenó que se realizara un censo, estoy seguro de que pensó que él y solo él estaba trazando el curso de la historia. Pero poco sabía que Dios mismo estaba reordenando las circunstancias humanas para asegurar el transporte de su hijo Jesús, de Nazaret a Belén (Lucas 2:4). La gente piensa que gobierna y reina. Pero son solo peones en el plan y propósito eterno de Dios.

Incluso durante la época del malvado reinado del emperador romano Nerón en el primer siglo, Pablo escribió a los creyentes en Roma: "Todos deben someterse a las autoridades, pues no hay autoridad que Dios no haya dispuesto, así que las que existen fueron establecidas por él. Por lo tanto, todo el que se opone a la autoridad se rebela contra lo que Dios ha instituido. Los que así proceden recibirán castigo". (Romanos 13:1–2). Pablo entendió que Dios era soberano sobre Nerón y controlaba todas las cosas y que el pueblo de Dios necesitaba someterse a los gobernantes que Él había levantado.

A menudo me siento emocionalmente agotado y lleno de preocupación por las elecciones presidenciales. *¿No destruiría nuestro país ese presidente? ¡Dios, debes darnos a tal y a tal!* En aquellos tiempos, me sentía como Habacuc que se quejaba con Dios sobre sus circunstancias. Dios respondió diciendo: "¡Miren a las naciones! ¡Contémplenlas y quédense asombrados! Estoy por hacer en estos días cosas tan sorprendentes que no las creerán, aunque alguien se las explique. Estoy incitando a los caldeos, ese pueblo despiadado e impetuoso, que recorre toda la tierra para apoderarse de territorios ajenos". (Habacuc 1:5–6). Habacuc no podía imaginar que Dios consideraría usar una nación impía para cumplir su propósito, por lo que Dios tuvo que enseñarle sobre su soberanía. Habacuc tuvo que aprender que Dios controla las naciones y los gobiernos del mundo.

Y cuando miro hacia atrás al ver las elecciones que han ido y venido, estoy agradecido por un Dios amoroso que está por encima de todo. Daniel 2:21 declara: "Él cambia los tiempos y las épocas, pone y depone reyes. A los sabios da sabiduría, y a los inteligentes, discernimiento". Nuestros tiempos están en sus manos y Él reina supremamente. Podemos confiar en Él.

Podemos estar seguros de que incluso cuando las cosas parecen estar fuera de control, Dios sabe lo que está haciendo aún en las tragedias de la vida (por ejemplo, en el Holocausto, guerras, terremotos, coronavirus, etc.). No tenemos que ponernos ansiosos como si el trono de Dios estuviera vacío. Él participa activamente, y esto debería darnos confianza y esperanza.

Incluso la tragedia más grande que jamás haya ocurrido en esta tierra fue completamente planeada y propuesta por Dios todopoderoso. Jesús les recordó a los guardias romanos que vinieron a arrestarlo: "¿Crees que no puedo acudir a mi Padre, y al instante pondría a mi disposición más de doce batallones de ángeles? Pero, entonces, ¿cómo se cumplirían las Escrituras que dicen que así tiene que suceder?" (Mateo 26:53–54). El gran mal que Satanás tenía en mente fue dirigido por Dios mismo.

Dios controla todas las circunstancias, incluso el momento en que todos los poderes del infierno se centraron en atacar y destruir al Hijo de Dios. La buena noticia es que Dios usó aún ese evento para su gloria. Si Dios puede revertir la mayor tragedia en la historia del mundo, ¿no puede acaso revertir nuestros momentos oscuros para nuestro bien y su gloria? También debemos recordar constantemente la ternura y la compasión de Dios por aquellos que han experimentado tragedias (por ejemplo, aquellos que fueron violados o cuyo ser querido fue asesinado).

Dios trabaja en un nivel diferente, y no comprendemos completamente sus métodos o sus caminos. Pero podemos confiar en que es bueno y amoroso. Sus caminos no son nuestros caminos y sus pensamientos no son nuestros pensamientos (Isaías 55:8). Su plan siempre es perfecto y está un paso más adelante de lo que estamos pensando o planificando. Podemos caminar en victoria mientras creemos que su plan y propósito se cumplirán.

El Dolor y el Triunfo

Según todos los estándares, Laura Story fue un éxito. Según *Christianity Today*, escribió el éxito de adoración número 1 *Indescriptible* ("Indescribable") grabado en 2004 por Chris Tomlin, al año siguiente se casó con un apuesto atleta llamado Martin Elvington y comenzó a trabajar en la música y el ministerio de mujeres en la Iglesia Perimeter de 4.000 miembros, en Atlanta.[3] Ella ganó un Premio *Dove* por Álbum Inspirador y dos nominaciones consecutivas para Vocalista Femenina del año, increíbles bendiciones para cualquier estándar.

Pero en el año 2006, su esposo fue hospitalizado por un tumor cerebral y se mantuvo con vida a través de máquinas de respiración. Estando recién casada, ella se enfrentaba al miedo real de perder a su esposo. Los cirujanos pudieron extirpar el tumor, pero Martin continuó sufriendo de pérdida aguda de memoria y de importantes problemas de visión. Fue durante ese difícil momento que Laura escribió la canción más vendida. La canción habla sobre cómo las bendiciones que Dios nos da a menudo se disfrazan de pruebas dolorosas.

Laura lleva mucho más fruto hoy debido a las pruebas y tribulaciones que ha experimentado. Ella no hubiera podido escribir Bendiciones ("Blessings") la canción más vendida si no fuera por la montaña de pruebas y dificultades que atravesó. Dios planeó perfectamente esas luchas para ayudarla a confiar en Él de una nueva manera. Él sabe lo que está haciendo y siempre tiene nuestros mejores intereses en mente.

La realidad es que la vida nos arroja situaciones inesperadas. No todo es dulce y color de rosa. Las espinas a menudo se alinean en nuestro camino. Jerry Bridges escribe:

> Dios está en control, pero en su control nos permite experimentar dolor. Ese dolor es muy real. Nos duele, sufrimos. Pero en medio de nuestro sufrimiento podemos descansar en el conocimiento de que Él es soberano.[4]

La victoria viene de entender que Dios no solo sabe por lo que estamos pasando, sino que ha planeado esas circunstancias para nuestro propio bien. Juan Calvino dijo: "La ignorancia de la providencia es la mayor de todas las miserias, y el conocimiento de ella es la más grande felicidad".[5] Calvino entendió que la gracia y el poder de Dios se combinan en su maravillosa soberanía. Observa cómo Calvino dijo que el conocimiento de la soberanía de Dios nos da la más grande felicidad. Dios hace todas las cosas bien.

Dios no desperdicia nuestros errores, o nuestros momentos de dolor. Él usa todas las cosas en nuestras vidas para su gloria y nuestro bien. De hecho, Él ha planeado esos puntos de presión y los está controlando perfectamente. Cometeremos errores, algunos muy grandes. La buena noticia es que Dios no nos está condenando. Más bien, está usando esas dificultades para nuestro propio bien.

El libro, éxito en ventas, *La Oración de Jabes (Prayer of Jabez)* desafió a los creyentes a pedir la prosperidad y la bendición financiera de Dios. Creo que Dios prospera a su pueblo, pero el problema con la palabra *prosperidad* es que a menudo interpretamos que se refiere a posesiones materiales o riquezas en esta vida. Pero la verdadera prosperidad implica riquezas espirituales, bendiciones que provienen de pruebas y sufrimientos en esta vida y recompensas en la próxima.

Dios puede, y a veces lo hace, bendecir a sus hijos con riqueza. Proverbios 10:22 dice: "La bendición del Señor trae riquezas, y nada se gana con preocuparse". Las bendiciones de Dios a menudo vienen como resultado de una vida piadosa y el dominio propio. Los creyentes prosperan porque no están gastando su dinero en una vida loca, y entienden la importancia de ahorrar para el futuro. En otras palabras, están ejerciendo dominio propio, que es un fruto del Espíritu (Gálatas 5:22–23). Pero también existe la realidad de que la prosperidad de las riquezas espirituales proviene del dolor, el sufrimiento y la debilidad.

La mayoría de nosotros nos apresuramos a citar Romanos 8:28, pero olvidamos los versículos 29 y 30: "Porque a los que Dios conoció de antemano, también los predestinó a ser transformados según la imagen de su Hijo, para que él sea el primogénito entre muchos hermanos. A los que predestinó, también los llamó; a los que llamó, también los justificó; y a los que justificó, también los glorificó". Dios a menudo usa pruebas y dificultades para darnos forma y moldearnos a la semejanza de su Hijo, Jesucristo. El diseño principal de

Dios es hacernos como Jesús, no proporcionarnos felicidad personal y ciertamente no es para acumular cosas y aparatos en esta vida. La victoria, en otras palabras, es volverse más como Jesús, y Dios a menudo usa circunstancias dolorosas para moldearnos a la imagen de Cristo. La película Puedo Imaginarme (*I Can Only Imagine*) habla sobre la travesía de Bart Millard al escribir la canción *I Can Only Imagine*, una de las canciones cristianas más vendidas de todos los tiempos. Millard dirigió su banda, MercyMe, durante muchos años, pero sufrió por no poder perdonar a su abusivo padre. Su amargura plagó su cantar, y no fue hasta que se reconcilió con su padre y ayudó a cuidarlo antes de que muriera, que realmente entendió la gracia de Dios. Luego escribió la canción *I Can Only Imagine* en diez minutos, y desde entonces ésta lo ha catapultado a él y a su grupo a un éxito increíble. Dios usó una situación abusiva para impulsar a Millard a escribir una canción que transformó a millones.

En el libro de Job, vemos a un hombre que: "Entre todos los habitantes del oriente era el personaje de mayor renombre" (Job 1:3). Sin embargo, el plan de Dios para Job era mucho mayor que las riquezas. Dios eligió ponerlo a prueba. ¿Confiaría en Dios en medio del dolor o se alejaría en la amargura? Job pasó la prueba, y al final, Dios duplicó su prosperidad (Job 42). Un poeta anónimo escribió:

> Cuando Dios quiere quebrantar a un hombre,
> Y emocionar a un hombre
> Y capacitar a un hombre
> Cuando Dios quiere moldear a un hombre
> Para interpretar la mejor parte;
> Cuando anhela con todo su corazón
> Crear a un hombre tan grande y audaz
> Que todo el mundo se sorprenderá
> ¡Mira sus métodos, mira sus caminos!
> Cómo perfecciona implacablemente
> ¡A quien elige de verdad!

Cómo lo golpea y lo hiere,
Y con poderosos golpes lo convierte
En varias formas de prueba de arcilla que
Solo Dios entiende;
Mientras su torturado corazón está llorando
¡Y él levanta manos suplicantes!
Cómo se dobla, pero nunca se quiebra
Cuando su bien compromete;
Cómo usa a quien elige,
Y cada propósito lo fusiona;
Por cada acto lo induce
Para probar su esplendor—
Dios sabe lo que está haciendo.

Dios sabe lo que está haciendo, aunque nosotros no. Dios nos está formando en todas las situaciones para lograr un mayor plan y meta. Espéralo. Luchamos, nos preocupamos y dudamos cuando Dios tiene en mente nuestros mejores intereses.

Rut tiene un libro de la Biblia escrito sobre ella. Ella es un gran ejemplo del plan y propósito soberano de Dios a través del sufrimiento. Noemí, la suegra de Rut, perdió a su esposo y a sus dos hijos. Aunque el esposo de Ruth murió y Noemí la instó a regresar a su tierra natal de Moab, Rut se negó y siguió a Noemí de regreso a Belén en la tierra de Judá.

El plan perfecto de Dios era prosperar a Noemí y a Rut en la tierra de Israel. En Belén, Dios arregló las circunstancias para que Rut conociera a Booz, un pariente de Noemí y también un exitoso hombre de negocios. Rut y Booz finalmente se casaron, cuidaron de Noemí y dieron a luz nietos que marcaron el comienzo del linaje del rey David, la misma genealogía de Jesucristo (Lucas 3:31). Dios fue fiel a Rut y nos será fiel si confiamos en Él. La victoria se lleva a cabo cuando confiamos en su plan para nuestras vidas.

Como nuevo misionero en Ecuador, me colocaron en un equipo pastoral en el que un exitoso hombre de negocios y cofundador de la iglesia lideraba a los pastores. A este hombre no le gustó mi constante flujo de sugerencias para el crecimiento de la iglesia. Me veía como una persona de muchas ideas que no estaba lista para seguir su plan. Le pidió a mi supervisor misionero, un misionero veterano en el campo, que me reemplazara por otro misionero, uno más dispuesto a seguir su agenda. Yo estaba devastado.

Le pedí a mi supervisor misionero para que me diera una segunda oportunidad. Me sentí como un fracaso, especialmente porque este era mi primer período de cuatro años de servicio misionero. Y sentí que era injusto porque no había recibido ninguna retroalimentación previa de este líder empresarial. Afortunadamente, me permitieron permanecer en el equipo.

Semanas después, este mismo hombre de negocios mencionó en una reunión de equipo que le gustaría fortalecer el ministerio del grupo en los hogares de la iglesia y se preguntó si a alguien en el equipo le gustaría asumir el control. Levanté la mano, no solo porque me apasionaban los grupos pequeños, sino también para mostrar mi disposición a servir.

Dios hizo cosas milagrosas a través de ese ministerio de grupos en el hogar. Los grupos aumentaron de cuatro a cincuenta. Estábamos a la vanguardia de un ministerio que ayudó a la iglesia a crecer de 550 a 950 miembros en poco tiempo. Dios usó la lucha y el dolor para lanzarme a mi futuro ministerio de grupos pequeños. Jesús me estaba preparando a través de las luchas y las pruebas para dirigir el ministerio de grupos pequeños que se disparó y eventualmente condujo al llamado en mí vida de estudiar, promover y escribir sobre el ministerio de grupos pequeños.

Dios estaba planeando este tiempo durante toda la eternidad, pero para lograr la victoria que había planeado, sabía que necesitaba puntos de presión para prepararme para recibir su bendición. Sí, incluso en las pruebas y luchas, podemos alegrarnos porque la victoria está asegurada.

Te animo a que te tomes un tiempo cada día para meditar en todo lo que Dios ha hecho en tu vida y en cómo te está guiando y dirigiendo. Escribe lo que te revela. Medita en ello. Regocíjate en lo que Dios ha hecho por ti.

Después de que Dios dividió el río Jordán para que su pueblo pudiera pasar por tierra seca, le dijo a Josué que tomara doce piedras del lecho del río. Estas piedras ayudarían a los israelitas a reflexionar sobre la gran obra de Dios en los años futuros.

Tú tienes esas "piedras de recuerdo" en tu propia vida, esos momentos en que Dios manifestó su poder y demostró su fidelidad. Reflexiona en ellas. Al recordar cómo Dios ha obrado en el pasado, puedes enfrentar el futuro con nueva confianza, sabiendo que Él es el mismo ayer, hoy y siempre (Hebreos 13:8).

El Misterio

Kevin Strong y yo fuimos juntos a la Escuela Secundaria Millikan en Long Beach, California, y nos graduamos en la misma promoción. Nos reencontramos en 1983 en el equipo de discursos de Long Beach City College. Kevin era catedrático de comunicaciones en una universidad comunitaria local y uno de los instructores del equipo de oratoria. También se había convertido recientemente en un seguidor de Cristo. Dios me usó para ayudar a Kevin a crecer en su fe, y Dios usó a Kevin para afinar mis habilidades para hablar en público. Nos hicimos amigos cercanos en el proceso. Él me escribió cartas fielmente durante nuestro tiempo en Ecuador, y cuando regresamos a California, Kevin siempre estaba disponible para reunirnos y renovar nuestra amistad. Kevin tenía el don de escuchar y siempre se comunicaba de manera transparente.

Alrededor del año 1996, Kevin fue diagnosticado con cáncer cerebral—un tumor en su médula espinal. Kevin intentó todo para curar el cáncer, incluyendo operaciones, medicamentos nuevos, alimentos especiales y oraciones de sanidad.

Durante muchos años, la súplica de Kevin fue "quítame esto, Señor. Deshazte de esto". Estaba dudoso, ansioso e insatisfecho con

Dios, preguntándose por qué le estaba sucediendo esto. Llevé a Kevin a un servicio de sanidad en Pasadena y oré por él a menudo. Pero el tumor siguió creciendo.

Entonces Kevin comenzó a comprender y confiar en la soberanía de Dios. Creció en su confianza en Dios, sabiendo que Dios tenía el control. Aun así, Kevin clamaba a Dios y compartía su angustia de manera transparente. Sin embargo, volvía a confiar en el control soberano de Dios, sabiendo que Dios podía haberlo sanado en cualquier momento.

Kevin murió en paz en octubre de 2011. Dios eligió glorificar su nombre a través de la vida, el testimonio y la confianza de Kevin. Él ha estado con Jesús por algún tiempo, regocijándose en perfecta salud y éxtasis espiritual. Lo envidio. La vida de Kevin fue un testimonio de la gracia y el amor de Dios. Él estaba listo para la eternidad.

Dios a menudo trabaja de maneras inexplicables. Para permanecer en la victoria de Dios para nuestras vidas, necesitamos confiar en él, incluso cuando no entendemos completamente sus propósitos.

Pero, ¿qué pasa con el mal, el pecado y la injusticia? Sí, Dios está en control de todo. No es de extrañar que Juan Calvino declarara: "Todos los eventos se rigen por el consejo secreto de Dios".[6] Las Escrituras dicen que Dios tiene control sobre la oscuridad y el desastre (Isaías 45:7; Amós 3:6; Proverbios 16:4). Satanás no puede hacer nada sin su permiso (Job 1–2). Isaías 45:7 dice: "Yo formo la luz y creo las tinieblas, traigo bienestar y creo calamidad; Yo, el Señor, hago todas estas cosas.".

Tenemos que darnos cuenta de que sus caminos no son los nuestros y que su razonamiento a menudo no coincide con el nuestro. Mark R. Talbot escribe:

> El misterio de por qué Dios ha ordenado los males que Él ha ordenado es tan profundo como el misterio del mal en nuestros corazones [. . .] No siempre nos corresponde intentar dar una respuesta a aquellos que cuestionan la bondad de Dios debido a los males que otros

les han hecho o que se han hecho a sí mismos; a veces solamente deberíamos quedarnos en silencio a su lado. Además, no siempre, en estos momentos, tendremos estas respuestas para nosotros mismos. Pero en la gloria, la respuesta será clara, cuando veamos a Jesús cara a cara. Entonces veremos que Dios ha hecho todo lo que le ha placido y lo ha hecho todo perfectamente, tanto para su gloria como para nuestro bien.[7]

La lógica humana no puede comprender completamente la soberanía de Dios. Es un maravilloso misterio. Como creyentes, podemos descansar en Dios y en su plan. Él sabe el camino que debemos tomar, y lo hace todo bien.

En este lado del cielo, no podremos comprender completamente cómo se relaciona la soberanía de Dios con las guerras, el hambre, el abuso, las muertes prematuras, etc. Sí, el pecado y la maldición son factores definitivos (Génesis 3). El libre albedrío es otro. Dios está determinado en permitir que las personas tomen decisiones, incluso si esas elecciones son terribles y conducen a que sucedan cosas muy malas. Pero Dios anima al creyente diciéndole: "Confía en mí; tengo el control". Algo hermoso ocurre cuando podemos confiar en un Dios que es más grande que la tormenta, la prueba y la dificultad.

Muchos grandes teólogos del pasado y del presente recurren al misterio de Dios cuando escriben sobre su soberanía. La realidad es que los propósitos de Dios están más allá de nuestro entendimiento. Dios sabe todas las cosas y tiene el control, incluso cuando la vida parece tan trágica y fuera de control. Él tiene un plan perfecto, pero ¿lo entendemos completamente? No. ¿Tenemos que entenderlo? No. El himno de William Cowper, "Dios se mueve de una manera misteriosa", es tan relevante ahora como lo fue en 1774,

Dios se mueve de manera misteriosa
Para Sus maravillas realizar;
Siembra sus pasos en el mar
Y cabalga sobre la tormenta.

En lo profundo de minas insondables
De su destreza infalible,
El atesora Sus brillantes diseños
Y hace su voluntad soberana.
Vosotros santos temerosos, tomad nuevo valor;
Las nubes que tanto teméis
Son grandes con misericordia y se abrirán
En bendiciones sobre vuestras sienes.
No juzguéis al Señor con débil sentido,
Pero confiad en Él por su gracia;
Detrás de una providencia ceñuda,
Una sonrisa se esconde.
Sus propósitos pronto madurarán,
Se desplegarán a cada hora;
El brote puede tener amargo sabor,
Pero dulce será la flor.
La incredulidad ciega ciertamente errará
Y apreciará su obra en vano;
Dios es su propio intérprete,
Y lo dejará todo claro.

Hace unos años, mientras predicaba en Abuja, Nigeria, recibí un mensaje urgente de que mi esposa Celyce tenía dolor de estómago intenso y estaba en el hospital. Celyce fue diagnosticada con diverticulitis que condujo a sepsis. Podría haber muerto, pero afortunadamente, fue llevada al hospital antes de que las toxinas se esparcieran. Mi corazón se afligió, pero cuando prediqué esa mañana en 1 Pedro 4, mi discurso adquirió nuevas profundidades. Tenía que confiar en Dios.

Mientras regresaba apresuradamente a casa desde África, me aferré a la soberanía de Dios, sabiendo que Él tenía el control de todas las circunstancias. Celyce finalmente mejoró después de una operación de colon. Pero el proceso fue tumultuoso para todos los involucrados.

Cuando visité a Celyce en el hospital durante semanas, vi a personas a su alrededor con condiciones mucho peores—algunas que estaban muriendo o listas para morir. Me sentí abrumado. ¿Cómo podría lidiar con los gritos y la desesperanza de quienes yacían en esas camas de hospital? Mi único consuelo era volver a la soberanía de Dios. Tuve que volver continuamente a Dios y su Palabra, confiando en su control amoroso. Él tiene el control de todas las circunstancias— absolutamente todo. Puedo confiar en mi Dios, mi roca. La victoria llegó cuando me di cuenta de que Dios sabe y controla todas las circunstancias. ¿Lo entiendo? No. ¿Lo creo? Si.

La vida es difícil, pero podemos confiar en él, sabiendo que nos está guiando y está en control. Él sabe el camino que tomamos, y nos dirigirá. Pablo dijo en 2 Corintios 4:17–18: "Pues los sufrimientos ligeros y efímeros que ahora padecemos producen una gloria eterna que vale muchísimo más que todo sufrimiento. Así que no nos fijamos en lo visible, sino en lo invisible, ya que lo que se ve es pasajero, mientras que lo que no se ve es eterno". Aquí Pablo dice que las pruebas de esta vida son la preparación de Dios para la próxima. Todavía encajan dentro del diseño del plan de Dios, pero son preparatorios.

Dios lo dejará claro en su tiempo. Podemos confiar en saber que Él toma las peores cosas que podrían suceder y las usa para su gloria. No tenemos que temer a la vida; más bien, podemos confiar en el Dios que nos ama. Y la victoria llega cuando descansamos de manera segura en sus promesas.

Yo, como todos los demás, puedo estar aferrado a las circunstancias y aterrorizado por eventos futuros. Pero cuando voy a Dios diariamente y coloco mi vida bajo su amor y su Palabra inerrante, soy renovado y tengo más confianza en lo que me espera. Me anima que Dios tenga un plan perfecto para mi vida y quiera que confíe en él para guiarme al siguiente paso. Esta es la verdadera victoria.

No Juegues a Ser Dios

Dios no será intimidado. No será engañado ni se le ordenará hacer cosas. A menudo queremos tanto algo que comenzamos a tratar de hacer que Dios haga lo que queremos, por la fuerza de nuestra voluntad (u oraciones). Han surgido muchos engaños para convencer a los creyentes que piensen que simplemente tienen que reclamar una porción de las Escrituras, una promesa, o realizar alguna otra técnica para obtener lo que quieren. Lo contrario es cierto. Debemos someternos a la voluntad de Dios y hacer lo que Él quiere.

A menudo, los cristianos no reciben las respuestas que desean porque sus peticiones de oración están impregnadas de deseos cuestionables. Están orando según su propia voluntad en lugar de la de Dios. Santiago 4:3 dice: "Y, cuando piden, no reciben porque piden con malas intenciones, para satisfacer sus propias pasiones".

En 1978, por ejemplo, solicité un trabajo como conductor de autobús en el Distrito Escolar Unificado de Los Ángeles. Mi razón principal para querer el trabajo era ganar más dinero. Repetidamente "reclamé el trabajo por fe", declarando que ya era "mío". Intenté negar toda duda y pensamiento negativo, siguiendo el consejo de un predicador de la radio.

Solo había un problema: Dios no quería que tuviera ese trabajo.

Él tenía otros planes para mí. Reprobé el examen final de manejo por un punto (no dejar la palanca en velocidad cuando estacioné el autobús). Sin embargo, fue un fracaso ordenado. Solo unos meses después, me fui con Juventud con una Misión (Youth with a Mission) a Canadá en un viaje corto y me quedé en Canadá para estudiar más. A partir de ahí, Dios me lanzó al ministerio cristiano. Cuando miro hacia atrás, me doy cuenta de que había discernido erróneamente la voluntad de Dios.

No fuerces tu propia voluntad sobre la de Dios. No lo "nombres y reclames", pensando que Dios debe responder como desees. Él es soberano; tú no. Pasar tiempo en la presencia de Dios te ayudará a discernir la dirección específica de Dios. Mientras estudias la Palabra, medita en sus promesas, adora en su presencia y escucha su voz, Él te mostrará su plan específico para tu vida.

Dios tiene su tiempo. Cumplirá su voluntad de acuerdo con su plan. Y tenemos el privilegio de ser parte de ese plan. Él quiere que creamos que es soberano y que está obrando todas las cosas para nuestro bien. Él lo hará. No debemos empujar a Dios. Y cuando simplemente confiamos en su guía divina, dejamos de preocuparnos o temer.

Jesús nos da muchas promesas sobre pedir y recibir. Nos dice que el Padre quiere contestar la oración (Juan 14–16). Sin embargo, hay una gran diferencia entre pedir humildemente y exigir. Si bien a Dios le encanta bendecir a sus hijos, no es nuestro mayordomo. No podemos ni debemos tratar de ordenarle a Dios. Por el contrario, estamos bajo su autoridad y su plan. Dios está trabajando en nosotros para cumplir su plan y voluntad perfectos.

Al final, debemos someternos humildemente a Él y decirle: "Señor, si tú quieres". Sí, necesitamos orar creyendo en fe, pero, no podemos exigirle a Dios que responda nuestras oraciones. Él conoce nuestro corazón y a menudo quiere darnos el deseo de nuestro corazón. Pero debemos permitirle que nos moldee para que nuestros deseos se conviertan en sus deseos.

En 1989, estaba seguro de que Dios me abriría la puerta para ser catedrático en el Seminario Teológico Fuller e incluso ocupar el lugar de Peter Wagner como presidente de crecimiento de la iglesia de Donald McGavran. Le supliqué a Dios y esperaba que él abriera la puerta. Lo reclamé una y otra vez. Pero Dios no respondió de acuerdo a mi voluntad. Él tiene su propio propósito. Dios hace lo que quiere en el cielo y en la tierra. He tenido que aprender esto de la manera difícil.

He aprendido que cada vez que empiezo a exigir mi voluntad, Dios se niega a responder como lo deseo. En varios momentos de mi vida, me sorprendí de estar prácticamente tratando de convencer a Dios de por qué Él necesitaba actuar de cierta manera. En esos mismos momentos, podría haber predicho que Dios no respondería a mis solicitudes de la manera que yo quería que respondiera. Él es Dios; yo no. Debo humildemente inclinarme ante él y confesar mi pecado, dándole todo el crédito. Tan pronto como empiezo a sentir la presión de decir, "Señor, es mejor que hagas esto por mí. Tú sabes que realmente quiero esto", por lo general, es una señal de que Dios no lo hará y mi voluntad se interpone en el camino.

La victoria viene de esperar en Dios, confiar en Dios y dejar de exigir nuestra voluntad. La voluntad de Dios es mejor todo el tiempo. Podemos confiar en que Dios hará lo que quiera. Mientras confiemos, la ansiedad cesará.

Sigue las Puertas Abiertas

Johana había trabajado a medio tiempo para Caridades Católicas durante muchos años. Le encantaba su trabajo y su familia necesitaba un ingreso extra para los gastos. Luego, su hijo de seis meses comenzó a llorar incontrolablemente cuando ella no se encontraba y se negó a alimentarse de su leche materna almacenada mientras ella estaba en el trabajo. Juan, su esposo, tuvo que llevar al niño a Caridades Católicas para ser alimentado, o Johana tendría que regresar a casa. No sabían qué hacer. ¿Era acaso hora de depender del salario de Juan?

Todo estaba muy apretado, pero Juan estaba buscando un trabajo adicional. Él quería que ella se quedara en casa con sus dos hijos pequeños, y ella estaba dispuesta a hacerlo. ¿Era este el plan de Dios? Isaías, su hijo de seis meses, no dejaba de llorar, así que lo tomaron como una señal para que ella dejara el trabajo en Caridades Católicas. Cuando dieron este paso, Isaías dejó de llorar.

Juan pudo encontrar un trabajo adicional, y luego consiguió un trabajo aún mejor. La mano y la prosperidad de Dios fueron evidentes. Johana nunca se arrepintió de su decisión de dejar Caridades Católicas. Dios continúa prosperándolos, y ellos se regocijan en su clara dirección.

El mejor consejo que tengo para conocer el plan de Dios es doble: primero, verifica la dirección de Dios con las Escrituras. La dirección de Dios nunca va a contradecir lo que Él ya ha dicho en las Escrituras. Entonces, al discernir si Dios nos está guiando en una dirección particular, primero debemos consultar las Escrituras, sometiéndonos a la Palabra inerrante de Dios.

Segundo, sigue las puertas que están abriéndose— aquellas áreas donde te está bendiciendo. ¿Qué está haciendo Él ya? ¿Qué puertas ya se están abriendo? Esas puertas abiertas son aquellas para las que estamos equipados de manera única a través de dones y talentos. Cuando Dios bendice y abre puertas, es porque nos ha preparado para ese momento y se está glorificando a sí mismo a través de la situación. Y es a través de esas puertas que experimentamos la mayor victoria y crecimiento.

Si bien la Palabra de Dios da principios generales, aún necesitamos ejercer discernimiento sobre muchos detalles en nuestras vidas.

Da el Siguiente Paso

Mi hija, Sarah, me preguntó una tarde cuando nos sentamos en un restaurante después de una conferencia en México, "¿Cómo sé cuál es el plan de Dios en este momento?" Ella podía ver muchas cosas que sentía que Dios quería que hiciera, pero estaba preocupada por cumplir el plan de Dios. Le expliqué que Dios solo nos pide que demos un paso a la vez. Todo lo que necesitamos hacer es dar el siguiente paso.

A menudo nos sentimos abrumados porque creemos que debemos conocer y cumplir la voluntad de Dios de una vez. Pero ese no es el caso. Simplemente necesitamos dar el siguiente paso ahora mismo, y luego aparecerá el siguiente. La buena noticia es que Dios está dentro de nosotros, tanto para el querer como el hacer de su buena voluntad (Filipenses 2:13). También ha ordenado nuestros pasos, y podemos estar seguros de que el Dios que comenzó una obra maravillosa en nosotros la completará hasta que Jesús venga nuevamente (Filipenses 1:6). Él sí tiene un plan y un propósito perfecto, y lo va a completar.

Él tiene toda nuestra vida trazada. Podemos descansar en su plan. Es como emprender un viaje con alguien más manejando que es completamente confiable. Puedes sentarte en el asiento delantero o trasero y simplemente permitir que el conductor te guíe. A diferencia de un conductor humano, Dios es perfecto, y podemos confiar en él al 100 por ciento. No tenemos que preocuparnos por nada (Mateo 6:25–26). A medida que confiamos en un Dios amoroso que está guiando cada paso a lo largo del camino, creceremos en confianza y victoria.

Puntos a Considerar

- ¿Cuál es el principio más importante que has aprendido de este capítulo? ¿Cómo lo aplicarás?

- ¿Nombra algunas áreas específicas en las que has visto a Dios guiando tu vida soberanamente?

- ¿En qué áreas te falta la fe de creer que Dios realmente tiene el control?

- ¿Cómo confiarás en la soberanía de Dios para guiarte en el futuro?

Pasa Tiempo a Diario con Dios

———————◆◇◆———————

Un día, un hombre angustiado llamado Tim Corley abrió nerviosamente la puerta de mi oficina. "He intentado de todo", declaró. «He sido adicto al alcohol y las drogas, e incluso he probado un par de religiones. Ahora mi esposa quiere dejarme. ¿Qué puedes hacer por mí?"

Raramente había sido testigo de tanta desesperación en todos mis años de ministerio. Había aconsejado a muchas personas necesitadas, pero Tim era diferente. Estaba claramente al borde de la desesperación. "Sé que sinceramente has estado buscando respuestas", le dije, "pero solo Jesucristo puede llenar el vacío en tu corazón". Mientras lo guiaba en oración para recibir a Jesucristo, la urgencia en la voz de Tim finalmente terminó en alivio.

Dios tomó el control de Tim ese día, y él se convirtió en una nueva creación. Un resplandor y alegría inundaron su vida. Antes de partir, le aconsejé a Tim que pasara tiempo con Dios todos los días.

En la clase de nuevos creyentes a la noche siguiente, Tim contó cómo se había despertado temprano en la mañana y había pasado tiempo con su nuevo amigo, Jesús. Tim comenzó una disciplina de pasar tiempo a diario a solas con Dios que revolucionó su vida y lo transformó en un cristiano dinámico. Con los años, mientras veía crecer a Tim, noté el poder de Dios en su ministerio, en la renovación de su matrimonio y en la prosperidad de su trabajo.

Tim todavía tenía muchas dificultades. Los problemas matrimoniales anteriores lo atormentaban, y trasladar su restaurante a una nueva ubicación requirió un fuerte compromiso financiero. Sin embargo, la bendición de Dios lo siguió a donde quiera que fuera. Dios estaba agrandando el territorio de Tim, y otros lo notaron.

Me di cuenta de que el Padre celestial estaba bendiciendo a Tim mientras pasaba tiempo a solas con Él. Las palabras de Cristo se estaban haciendo realidad ante mis ojos: "Pero tú, cuando te pongas a orar, entra en tu cuarto, cierra la puerta y ora a tu Padre, que está en lo secreto. Así tu Padre, que ve lo que se hace en secreto, te recompensará" (Mateo 6:6). Tim comenzó a vivir en victoria mientras pasaba tiempo con Dios, pidiéndole dirección sobre cada aspecto de su vida.

Siguiendo la Rutina

Recientemente, un pastor de una mega iglesia renunció, diciendo que se había estancado. Estaba ocupado haciendo la obra de Dios sin la vida de Dios. Sabía cómo dar resultados para Dios, pero no estaba siendo lleno por Jesús a diario.

Muchos creyentes tratan de hacer cosas para Dios cada día sin pasar tiempo de calidad con Él. Corren por la vida diaria sin permitir que la vida de Dios palpite a través de ellos. Saben cómo ser voluntarios, dirigir un grupo pequeño o incluso predicar, pero no pasan tiempo con su Creador. Están ocupados, pero son estériles. Sin embargo, el único fruto duradero proviene de esas cosas que Dios produce en nosotros.

La verdadera victoria, del tipo que Dios honra, proviene de pasar tiempo a diario en su presencia.

El Objetivo: Conocer a Dios

El propósito de pasar tiempo a diario con Dios es desarrollar una relación íntima con Él. Se trata de amistad más que de reglas. El anhelo del apóstol Pablo captura el sentir del corazón de pasar un tiempo a solas con Dios: "Lo he perdido todo a fin de conocer a Cristo, experimentar el poder que se manifestó en su resurrección, participar en sus sufrimientos y llegar a ser semejante a él en su muerte" (Filipenses 3:10). Jeremías cubre un terreno similar al afirmar lo que el Señor dice: "Así dice el Señor: 'Que no se gloríe el sabio de su sabiduría, ni el poderoso de su poder, ni el rico de su riqueza. Si alguien ha de gloriarse, que se gloríe de conocerme y de comprender que yo soy el Señor, que actúo en la tierra con amor, con derecho y justicia, pues es lo que a mí me agrada afirma el Señor'" (Jeremías 9:23–24).

Cuando te reúnes con un amigo, ¿enumeras de antemano exactamente lo que vas a hacer y decir? Por supuesto que no. Dejas que la conversación fluya, simplemente disfrutas de la compañía del otro. Así es como también debería ser un tiempo a solas con Dios. J. I. Packer dijo: "Conocer a Dios es más que saber acerca de Él".[21] Packer continúa describiendo la relación bilateral que el creyente tiene con Dios. No es una calle de sentido único. Sin embargo, muchos cristianos lo tratan como un ritual en lugar de una relación.

Durante mi tiempo de silencio, me gusta leer la Biblia, meditar en versos que llaman mi atención, adorar, orar y escribir en mi diario. Algunos días, paso más tiempo en oración, otros días me detengo en la Palabra de Dios, y algunos días escribo más. Mi objetivo es conocer a Dios, no seguir una rutina.

No permitas que tu tiempo a solas con Dios se convierta en un rosario evangélico— las mismas oraciones mecánicas que se ofrecen día tras día y semana tras semana. La función más importante de un tiempo a solas es permitirte penetrar en la presencia de Dios y llegar a conocerlo más íntimamente. Tan pronto como este objetivo de la relación con Dios se nubla con reglas y rituales, fracasamos en nuestro propósito.

Esta es la historia de una madre, en sus propias palabras, que pasó de tener devocionales a experimentar a Dios:

> Ya no solo estoy leyendo mi Biblia o haciendo peticiones. Lo escucho, medito en su Palabra. Escribo lo que le oigo decirme. Intento que esta vez sea lo más honesto, profundo e íntimo posible. Cuando comencé

a hacer un tiempo a solas con Él, fue como si me estuvieran marcando mi tarjeta de tiempo en el cielo: "Sí, ella estuvo aquí. ¡Un total de diez minutos!" Últimamente, lo que me ha costado es retirarme.[22]

Esta es la esencia de lo que estoy diciendo. El tiempo a solas con Él, es más que abrir una Biblia y decir oraciones. Es experimentar al Dios viviente. Es comunión con el Rey. Es encontrarlo y luego disfrutar de su bendita presencia durante todo el día.

Henry T. Blackaby, un predicador bautista que escribió el libro bestseller (más vendido del momento), *Experiencing God* (Experimentando a Dios), dice: "Conocer a Dios no viene a través de un programa, un estudio o un método. Conocer a Dios viene a través de una relación con Él".[23] El tiempo a solas con Él no es un trabajo que realizar sino una relación con el Dios viviente. El énfasis debe permanecer en conocerlo y crecer en una relación con Dios.

No te enfoques demasiado en lo que harás en tu tiempo a solas con Él; en cambio, enfócate en quién es Dios. El mejor método para ti será el que te abra la puerta a experimentar al Dios vivo y te acerque a él. La victoria no está en hacer cosas para Dios sino en conocerlo y luego permitir que Cristo viva a través de nosotros.

Dios Desea Pasar Tiempo con sus Hijos

¿Sabías que Dios quiere pasar tiempo contigo mucho más de lo que tú quieres pasar tiempo con Él? Muy a menudo, imaginamos que pasar tiempo con Dios es un trabajo que debemos realizar. Para muchos, desafortunadamente, es como levantar una carga pesada al trono de la gracia para complacer a un Dios enojado.

La Biblia pinta una imagen diferente. Vemos a un Dios que ama a sus hijos y anhela estar con ellos. David dijo: "¡Cuán preciosos, oh Dios, me son tus pensamientos! ¡Cuán inmensa es la suma de ellos! Si me propusiera contarlos, sumarían más que los granos de arena. Y, si terminara de hacerlo, aún estaría a tu lado" (Salmo 139:17–18).

Dios está pensando en ti todo el tiempo. Blackaby dice: "Dios mismo busca una relación de amor contigo. Él es quien toma la iniciativa para llevarte a este tipo de relación. Él te creó para una relación de amor consigo mismo. Ese es el propósito mismo de sus vidas".[24] Dios anhela pasar tiempo contigo más de lo que puedas imaginar. De hecho, Dios desea pasar tanto tiempo contigo que incluso ahora está preparando su eternidad, donde pasarás un tiempo ininterrumpido con Él (Juan 14:2).

No creas que Dios solo quiere disfrutar de tu compañía cuando eres fuerte y capaz. Él entiende exactamente dónde estás ahora. Él disfruta de ti en tu etapa precisa de desarrollo. Deja que Dios disfrute de ti. Te eligió antes de la creación del mundo y luego te llamó a entablar una relación de amor con Él. Dios desea desarrollar esa relación de amor contigo. Él desea conocerte en tu tiempo a solas con Él.

Ten la seguridad de que las necesidades urgentes saturarán tu agenda y arruinarán tu iniciativa de pasar tiempo con Dios a menos que planifiques con anticipación— a menos que hagas de la reunión con él la cita más importante de tu día. Las palabras de Cristo todavía son verdaderas: "Más bien, busquen primeramente el reino de Dios y su justicia, y todas estas cosas les serán añadidas" (Mateo 6:33).

Pan Diario

La combinación de adoración, predicación poderosa y comunión íntima que se encuentra al reunirse con otros creyentes profundiza nuestra relación con Cristo. Pero el impacto es temporal; necesitamos alimento espiritual adicional para ayudarnos a enfrentar nuestros desafíos diarios.

Cuando Dios proporcionó pan del cielo (maná) para su pueblo, los israelitas, les ordenó que reunieran diariamente la cantidad de un día. La ración de maná diaria era fresca y buena para solo un día. Nosotros también necesitamos alimento espiritual diario para enfrentar los desafíos únicos que cada día trae. Jesús dijo: "Por lo tanto, no se angustien por el mañana, el cual tendrá sus propios afanes. Cada día tiene ya sus problemas" (Mateo 6:34).

La bendición y la unción de ayer no te prepararán para enfrentar las preocupaciones, las pruebas y las angustias de hoy. Necesitas alimento fresco de Jesús, hoy.

Si bien Dios usará la predicación del domingo por la mañana para alimentarte, transformarte y animarte, no te detengas allí. Pasa tiempo con él todos los días. A medida que te alimentes diariamente de la Palabra escrita de Dios, escuches su voz y recibas la llenura del Espíritu, serás renovado y animado para servir a Dios más eficazmente.

Y cuando nos demos cuenta de que nuestra victoria proviene de Dios mismo, con gusto pasaremos tiempo con Él para permitirle cumplir su propósito en nosotros

Meditando en la Gracia Soberana de Dios

La visión tiene fugas. También la confianza. Podemos ser fuertes y confiar en el plan de Dios un día y luego dudar de Él al siguiente. Podemos olvidar fácilmente sus promesas y su amoroso control sobre nuestras vidas. Comenzamos a preocuparnos y a preguntarnos cómo Dios va a proveer financieramente, resolver una relación u obrar en el corazón de un ser querido. Al diablo le encanta sembrar esas semillas de duda, a veces durante los últimos momentos de la noche. Nos preguntamos cómo Dios puede cambiar las situaciones difíciles. Olvidamos que Dios nos ama, tiene un plan perfecto para nosotros y proveerá en todas las situaciones. Necesitamos volver a su Palabra, sus promesas, nuestros apuntes, y pedirle que nos dé fe para creer.

He descubierto que un tiempo a solas con Él, regular y constante, es el mejor remedio para resolver las dudas y los temores y restaurar la confianza en la gracia y el poder soberano de Dios. Solo

Él puede liberarnos. Solo Él puede poner nuestro corazón y nuestra mente en paz y descanso.

Cada día que pasamos tiempo con Dios, recordamos la gracia de Dios: quiénes somos en Cristo y el hecho de que Dios está controlando todas las cosas. Nuestro tiempo de comunión a diario nos recuerda sus promesas. Nos alimentamos de su Palabra y lo conocemos mejor. Aquellos que cambiaron el curso de la historia priorizaron su tiempo con Dios como el evento más importante en cada día. LeRoy Eims dijo:

> Las personas que han sido utilizadas por Dios son aquellas que se han encontrado con Dios diariamente. Han ordenado sus vidas tanto que han encontrado tiempo para orar y leer la Palabra de Dios. Muy a menudo lo hacen temprano en la mañana antes de que el trabajo continúe, antes de que suene el teléfono y antes de que las demandas del día estén sobre ellos.[25]

Se dieron cuenta de que el éxito en la vida requería una dependencia total de Dios. A continuación hay algunos ejemplos de aquellos que cambiaron el curso de la historia:

- Martin Lutero declaró: "Tengo tantos asuntos que no puedo seguir sin pasar tres horas diarias en oración".[26]

- George Müller, el famoso hombre de fe no solo desarrolló su propio tiempo de comunión personal, sino que también pidió a todos los trabajadores de su orfanato que pasaran una hora en oración *durante las horas normales de trabajo*. Müller sabía que sacaría mucho más provecho de sus trabajadores si pasaban tiempo con el Maestro.

- John Montt, el líder del movimiento misionero moderno en el siglo XX, dijo: "Después de recibir a Jesucristo como Salvador y Señor y reclamar por fe la plenitud del Espíritu de Dios, no conozco ninguna otra disciplina que produzca más bendición espiritual que pasar un tiempo a diario a solas con Dios, de al menos media hora con el Dios viviente".[27]

• A. B. Simpson, fundador de la Alianza Cristiana y Misionera, dijo: "No soy nada sin pasar tiempo a solas con Dios".[28]

• David Yonggi Cho, pastor de la iglesia más grande en la historia del cristianismo, se despierta todas las mañanas para comunicarse con el Dios viviente. Él cree que la razón por la cual su iglesia ha crecido tanto es el resultado de su tiempo a solas con Él.

• Bruce Wilkinson, autor de *La Oración de Jabes (The Prayer of Jabez)*, se comprometió a levantarse todos los días a las 5:00 a.m. para leer la Biblia, su diario, orar y buscar a Dios hasta encontrarlo.[29] Dios transformó su vida y ministerio.

El escritor de Hebreos describe correr la carrera a la luz de aquellos que han corrido antes que nosotros: "Por tanto, también nosotros, que estamos rodeados de una multitud tan grande de testigos, despojémonos del lastre que nos estorba, en especial del pecado que nos asedia, y corramos con perseverancia la carrera que tenemos por delante" (Hebreos 12:1).

Pasar tiempo en la presencia de Dios agudiza nuestra comprensión de la soberanía y gracia de Dios y nos permite conocer a Dios de una manera más profunda. El tiempo a solas con Él fluye de la gracia de Dios porque una parte importante de pasar tiempo con Dios es comprender sus riquezas y creer que Dios nos está guiando soberanamente. El objetivo de nuestro tiempo con Dios es conocerlo, lo que implica adquirir la disciplina de leer las Escrituras, meditar en la Palabra de Dios, adorar, escuchar, interceder y escribir en un diario.

No soy un escritor pasivo sobre el tema del tiempo con Dios. No siempre creí en la importancia de hacer de mi tiempo con Dios una actividad diaria. A veces decía: "Estoy demasiado ocupado hoy, Dios. Haré devocionales adicionales mañana". No me percataba de cuánto necesitaba alimentos frescos hoy, así como mañana.

Sin mi tiempo con Dios, tropiezo durante mi día sin el control del Espíritu para enfrentar las dificultades de la vida. Necesito la victoria de Dios en mi vida que viene de pasar tiempo con Él y su permanencia conmigo durante todo el día.

Mi tiempo a solas con Dios me brinda la oportunidad de un chequeo diario—, un tiempo para expresar mis inquietudes y preocupaciones de cada nuevo día. Durante mi tiempo con Dios, medito en el plan y el propósito de Dios para mi vida, mi familia y mi ministerio. Puedo hablar directamente con el Dios que me ama, que me eligió antes de la creación del universo y que está tan cerca como el aire que respiro. Me emociona cuando entiendo quién es y cómo está trabajando en mi vida. Medito sobre lo que ha hecho y lo que va a hacer.

Meditar sobre la soberanía de Dios nos abre los ojos para ver dónde Dios ya está obrando para que podamos seguir su dirección. Este conocimiento nos da confianza y esperanza para el futuro.

Lo he Intentado, Pero . . .

Para muchos, el tiempo a solas con Dios no es una aventura emocionante en la que llegan a conocer a Dios; más bien, es como comer hígado, asistir a una reunión obligatoria de la junta o sacar la basura. "Lo haré a fuerza de voluntad, nada más". Un amigo mío dijo una vez:

> El estancamiento ha sido mi problema en el pasado [. . .] no hay tiempo sincero con el Señor, sino que simplemente una rutina. Cumplí mi tiempo a solas con Dios solo por cumplir [. . .] porque pensé que era lo correcto. Quería obtener algo de Dios. Ahora quiero estar con Él, comunicarme con Él, "tocar" a mi Padre.

En un momento u otro, todos hemos sentido una sensación de sequedad al pasar tiempo con Dios. Si tienes dificultades para pasar tiempo regularmente con Dios, no necesitas sentir culpa. Lo que necesitas son soluciones concretas para que tu tiempo con Dios sea fresco.

Quizás alguien ha tratado de decirte que no eres realmente cristiano a menos que tengas un momento de intimidad con Dios. Si es así, en lugar de ser un deleite, pasar tiempo con Dios podría convertirse en una carga.

Mi consejo es pedirle a Dios el deseo de pasar tiempo con Él. Pablo dice: "En cambio, el fruto del Espíritu es amor, alegría, paz, paciencia, amabilidad, bondad, fidelidad", (Gálatas 5:22). El dominio propio es el fruto del Espíritu de Dios. Cuando le pidamos a Jesús que nos llene, Él nos dará dominio propio para orar, pasar tiempo con Él a diario e incluso desear ese momento especial.

Mi buen amigo Kevin Strong, que ahora está en el cielo, me dijo: "Joel, muchas personas saben que deberían pasar un tiempo a solas con Dios, pero ellos no desean pasar tiempo con Él. Necesitas escribir sobre cómo tener el deseo de tener devocionales diarios".

"Kevin, solo Dios puede poner el deseo", respondí. "No puedo darle un deseo a la gente. Solo Dios puede hacer esto". Cuando le pedimos tener el deseo y Él nos llena de su Espíritu, el fruto resultante de dominio propio hará que los creyentes pasen tiempo a diario con Él.

¿Es Suficiente Orar "a la Carrera"?

La Biblia nos dice que oremos continuamente (1 Tesalonicenses 5:17) y que vivamos por el Espíritu (Gálatas 5:25). Las Escrituras también nos invitan a pasar tiempo especial con Dios (Mateo 6:5–6). ¿Uno reemplaza al otro? Algunas personas piensan que sí. Escuchas esto en sus respuestas: "Yo oro todo el tiempo. No necesito pasar un tiempo específico con Dios". O "tengo mi tiempo de comunión en el automóvil camino al trabajo". Pasar un tiempo de comunión de camino al trabajo, especialmente en una autopista de una gran ciudad, no es tranquilo ni enfocado. Tanto el tiempo personal con Dios como la oración continua son esenciales.

El tiempo personal con Dios nos refresca y nos da poder para caminar en el Espíritu por el resto del día. Después de pasar tiempo con Dios, notarás una nueva atención a su presencia en tus actividades diarias. Pasar un rato a solas con Dios estimula al creyente a orar continuamente durante todo el día.

Piensa en tu relación con tu cónyuge. Besarlo en la mejilla es algo importante que debes hacer de manera intermitente durante todo el día, pero para mantener el fuego encendido, necesitarás encontrar tiempo para más que eso—como un abrazo apasionado o un momento romántico especial.

De la misma manera, llenarte durante tu tiempo a solas con Dios no hace desaparecer la necesidad de orar continuamente durante todo el día. Frank Laubach, autor de muchos libros sobre la oración, literatura y justicia, dice: "Una hora devocional no puede sustituir el 'orar constantemente'", pero es una ayuda indispensable; hace que comiences bien el día. Pero el día debe continuar bien. Deberíamos cultivar el hábito de recurrir a Dios cada vez que paramos cualquier trabajo y miramos a nuestro alrededor para preguntar qué hacer a continuación".[30]

Por lo tanto, ambos son importantes. Uno se alimenta del otro. Orar continuamente es el resultado de recibir la plenitud de Dios en nuestro tiempo a solas con Él. Simplemente no cometas el error de sustituir uno por el otro.

Pasar tiempo con Dios Versus Orar Continuamente

Tiempo con Dios	Orar Continuamente
• Recibir la plenitud de Dios	• Mantener la plenitud de Dios
• Estudiar la palabra de Dios	• Recordar la palabra de Dios
• Esperar en Dios	• Caminar con Dios
• Orar por asuntos en particular	• Orar a cada momento

Conociendo a Dios a través de su Palabra

Comienza tu tiempo con Dios leyendo su Palabra. La Biblia es la carta de amor de Dios para nosotros, que nos instruye sobre cómo vivir una vida santa y exitosa. No solo te mantendrá alejado del pecado, sino que te revelará quién es Dios. Comenzarás a comprender su naturaleza, cuánto te ama y su plan perfecto para tu vida. Con la Palabra de Dios llenando tu corazón, podrás adentrarte naturalmente hacia la adoración, la confesión de pecado, a escuchar su voz y a orar por los demás.

Hoy en día, puedes encontrar muchas excelentes guías devocionales en el mercado. Mi única advertencia es que no permitas que ningún libro o guía reemplace la Santa Palabra de Dios. Todas las herramientas son solo débiles espejos de la Biblia.

La Biblia no tiene errores. Esto no es cierto respecto a otros libros o guías. Podemos leer la Biblia con plena certeza, sabiendo que todo lo que leemos en ella es totalmente confiable (2 Timoteo 3:16). Cuando abres la Palabra de Dios en tu tiempo con Dios, puedes estar seguro de que Dios mismo te está hablando.

La Palabra de Dios no solo es inspirada, sino que también tenemos un asistente divino para ayudarnos a entender cuando la leemos. Jesús prometió que el Espíritu Santo nos guiaría a toda la verdad (Juan 16:13). Dado que el Espíritu Santo vive dentro de cada creyente nacido de nuevo, Él estará allí para revelarte la verdad de Dios. Como dijo el apóstol Pablo: "Nosotros no hemos recibido el espíritu del mundo, sino el Espíritu que procede de Dios, para que entendamos lo que por su gracia él nos ha concedido" (1 Corintios 2:12).

Antes de leer la Biblia, pídele a Dios su sabiduría. Puedes decir: "Espíritu Santo, ayúdame a entender la Biblia y aplicarla a mi vida diaria". Esta es la oración que a Dios le encanta escuchar y responder.

Dios también nos ha dado la promesa de éxito y prosperidad al leer su Palabra. Esto no aplica para ningún otro libro o guía. Refiriéndose al que lee y medita en la Palabra de Dios, el Salmo 1:3 dice: " Todo cuanto hace prospera". En Josué 1:8, Dios pronuncia prosperidad y éxito al que medita y obedece su Palabra. Estas son solo algunas de las muchas promesas bíblicas para aquellos que se deleitan en la Palabra de Dios. La verdadera pregunta es esta: ¿Podemos permitirnos *no* leer su Palabra diariamente?

Cuando te comprometes a pasar tiempo con el Dios que ordenó las estrellas, el universo y el vientre de la madre embarazada, él ordenará tu día y te bendecirá. Él te mostrará cómo reprogramar o eliminar una actividad innecesaria para obtener más tiempo de calidad de tu día. Dios ilumina nuestras mentes mientras meditamos en él.

La victoria comienza con Dios. Él es el único que puede otorgar esa victoria. A medida que pasas tiempo con el que creó todas las cosas, Él te dará sabiduría y orientación. Él también prosperará todo lo que hagas.

Primero Adoración; Segundo Servicio.

El orden divino de acción como se da en la Biblia es primero adoración; segundo servicio. Jesús dijo: "Adora al Señor tu Dios y sírvele solamente a él". (Mateo 4:10). Este orden se repite más tarde cuando Jesús dice: "Ama al Señor tu Dios con todo tu corazón y con toda tu alma y con toda tu mente". Después, viene el segundo mandamiento, "Ama a tu prójimo como a ti mismo". (Mateo 22:37, 39).

¿Cómo adoras a Dios en tu tiempo a solas con Él? Puedes cantar un himno o coro de adoración favorito, esperar en silencio o leer un salmo. Normalmente leo primero la Palabra de Dios y, de manera natural, sigo adorando a Dios. Paul Cedar dijo una vez:

> Mis palabras de alabanza y adoración a menudo fluyen de mis tiempos de lectura de la Biblia y meditación. Luego le expreso algunas palabras de alabanza y adoración de uno de los salmos u otro pasaje de las Escrituras. A veces, una determinada canción o himno de alabanza me viene a la mente cuando estoy meditando sobre mi lectura de la Biblia o cuando estoy leyendo uno de los salmos como una expresión de alabanza y adoración a Dios. De lo contrario, continuo secuencialmente a través de mis himnos y canciones de alabanza.[31]

Al adorar a Dios en nuestro tiempo diario con Él, estamos diciendo: "Señor, mi servicio y mi trabajo no son tan importantes como tú. Señor, te coloco primero en mi vida. Te quiero más que a nada".

Una parte importante de la adoración es estar quieto. El salmista dijo: "Quédense quietos, reconozcan que yo soy Dios" (Salmo 46:10). Me gusta la traducción radical y refrescante de Eugene Peterson de este pasaje en *El mensaje (The Message),* "¡Sal del tráfico! Mírame larga y amorosamente a mí tu Dios supremo, que está por encima de la política, por encima de todo".

Dios puede hablar en cualquier momento, y en cualquier lugar. No está limitado a hablar en un templo o en ningún lugar físico. El nuevo templo de Dios son nuestros cuerpos, y el Espíritu Santo habita allí todo el tiempo. Sin embargo, el momento más común para que Dios hable es cuando sus hijos pasan tiempo de calidad en su presencia. Durante nuestro tiempo con Él, Dios tiene nuestra atención. Le hemos dedicado ese tiempo a Él. Nuestro corazón está preparado a través de la Palabra, la adoración y la confesión. La estática se ha ido. La señal llega fuerte y clara. Estamos sintonizando la estación correcta.

Después de un día entero de invocar fuego, ver a los falsos profetas ser muertos y ver milagros, el profeta Elías estaba extenuado. Necesitaba descansar, sin embargo, todavía tenía que preocuparse por el voto de Jezabel de matarlo. En este punto, la espiritualidad de Elías lo abandonó e hizo algo muy natural: corrió para salvar su vida. Dios fue amoroso con Elías y le proporcionó comida y descanso. Más tarde, Dios le habló a Elías y le dijo:

> "Sal y preséntate ante mí en la montaña, porque estoy a punto de pasar por allí." Como heraldo del Señor vino un viento recio, tan violento que partió las montañas e hizo añicos las rocas; pero el Señor no estaba en el viento. Después del viento hubo un terremoto, pero el Señor tampoco estaba en el terremoto. Tras el terremoto vino un fuego, pero el Señor tampoco estaba en el fuego. Y después del fuego vino un suave murmullo. Cuando Elías lo oyó, se cubrió el rostro con el manto y, saliendo, se puso a la entrada de la cueva. Entonces oyó una voz que le dijo: "¿Qué haces aquí, Elías?" (1 Reyes 19:11–13).

A todos nos gusta la sensacional palabra profética que nos dice exactamente qué hacer— la carta por correo con el billete de $100, la llamada telefónica en el momento exacto de necesidad. Sin embargo, aquí Dios no se reveló a sí mismo a través de un terremoto, un incendio o un viento poderoso. Él eligió venir a Elías con una voz suave y apacible.

¿Quieres tener victoria en tu vida personal? Pasa tiempo con Dios. Él te dará esa victoria. Te sentirás lleno de nueva pasión y fuerza a medida que superes los desafíos que te rodean. Él te mostrará el siguiente paso a seguir.

Confesión de Pecado

En tiempos bíblicos, los caminos de tierra eran la norma. Como todos usaban sandalias, no importaba cuánto tratara una persona de mantener limpios sus pies, naturalmente recogerían la suciedad y el polvo de las carreteras romanas. El lavado de pies no era un rito religioso; era una necesidad práctica.

El tiempo a solas con Dios es nuestro lavado de pies. Es el momento de acercarse a Dios y su Palabra, pidiéndole limpieza, restauración y renovación. El apóstol Juan dijo: "Si confesamos nuestros pecados, Dios, que es fiel y justo, nos los perdonará y nos limpiará de toda maldad" (1 Juan 1:9).

La buena noticia es que podemos encontrar limpieza y sanidad en la sangre de Jesucristo. Hebreos 9:14 dice: "Si esto es así, ¡cuánto más la sangre de Cristo, quien por medio del Espíritu eterno se ofreció sin mancha a Dios, purificará nuestra conciencia de las obras que conducen a la muerte, a fin de que sirvamos al Dios viviente!"

Jesús desea trabajar dentro de nosotros cuando reconocemos nuestro pecado, lo confesamos y recibimos su limpieza. Jesús puede liberarnos de la esclavitud de Satanás. Él puede darnos la victoria que necesitamos. Cuando sabemos que somos perdonados y limpiados, podemos comportarnos con confianza en todo lo que hacemos y decimos.

Incluso como cristianos maduros, inconscientemente acogemos malos hábitos, pensamientos equivocados y sucumbimos a los dardos de Satanás. El mundo, la carne y el demonio acechan en los lugares menos esperados. Difícilmente puedes ver la televisión, navegar por Internet, escuchar la radio, conducir por la autopista o escuchar una conversación sin ver imágenes perversas, propuestas mundanas o un comportamiento absolutamente pecaminoso.

La buena noticia es que hay poder en la sangre de Jesucristo para limpiarnos de todos los pecados. El tiempo con Dios brinda la oportunidad perfecta para dejar que Dios nos hable, nos restaure, nos renueve y nos dé el poder para vencer al enemigo. Dios nos invita a ser limpiados diariamente y renovados para vivir victoriosamente.

El Poder de la Oración

El diccionario define la oración primero, como un acto de comunión con Dios y segundo, como una petición reverente hecha a Dios.[32] La oración es un diálogo íntimo entre Padre e hijo. La petición, aunque sea importante, es el resultado de nuestra comunión con él.

Muchas personas creen que la oración y el tiempo de comunión con Dios son lo mismo. Puedes detectar esto al preguntar acerca de su tiempo de comunión. "Claro, oro", es a menudo su respuesta rápida. Sin embargo, la oración es solo un aspecto del tiempo de comunión.

George Müller, un hombre que modeló la oración eficaz, escribió: "Cuando oramos, hablamos con Dios. Este ejercicio del alma se puede realizar mejor después de que el hombre interior haya sido alimentado por la meditación en la Palabra de Dios".[33]

En mi propio tiempo devocional, me gusta recibir fuerza espiritual de la Palabra y adorar antes de la oración. A medida que encuentro fuerza a través de la Palabra de Dios, me siento más animado a comunicarme con Dios y orar por los demás.

La Palabra de Dios nos habla sobre la disposición de Dios para responder. Este principio está registrado en la respuesta de Cristo al leproso quien le cuestionó su disposición a sanar. Leemos: "Movido a compasión, Jesús extendió la mano y tocó al hombre, diciéndole: 'Sí, quiero. ¡Queda limpio!'" (Marcos 1:41).

Dios nos invita a pedir una llenura renovada del Espíritu Santo. Jesús dijo: "Pues, si ustedes, aun siendo malos, saben dar cosas buenas a sus hijos, ¡cuánto más el Padre celestial dará el Espíritu Santo a quienes se lo pidan" (Lucas 11:13). Jesús nos dice que el Padre celestial desea derramar su Espíritu sobre nosotros. Todo lo que necesitamos hacer es pedir. Y necesitamos su llenura para experimentar la victoria en todo lo que hacemos y decimos. No dudes en pedirle a Jesús que te llene. Él anhela darte la fuerza que necesitas a medida que te conviertes en el instrumento de Dios para los que conoces.

Dios podría llenarnos en un autobús repleto de gente, en la mesa del desayuno con niños platicando, en un salón de clases o donde sea que estemos. Sin embargo, la mayoría de las veces elige llenarnos cuando meditamos en su Palabra, lo buscamos y confesamos nuestro pecado. Como resultado de pasar tiempo con él, estamos refrescados y renovados para enfrentar el desierto seco que nos rodea.

Escribir un Diario

Escribir un diario es escribir nuestros pensamientos, iluminaciones de parte de Dios, aplicaciones de la verdad bíblica, testimonios de alabanza, relatos de luchas y cualquier otra cosa que creamos que sea importante escribir.

Muchos han escuchado hablar o leído *Anne Frank: The Diary of a Young Girl* (Ana Frank: El Diario de una Niña), el famoso diario de una niña judía escondida durante dos años con su familia durante la ocupación nazi en los Países Bajos. Ana escribió en su diario: "Puedo sacudirme todo mientras escribo; mis penas desaparecen, mi valor renace".[34]

El tiempo a solas con Dios es el momento perfecto para escribir un diario— para escribir sobre la última decepción, promoción, conflicto o victoria. Escribir un diario es útil por varias razones:

1. **Para encontrar consuelo en tiempos de prueba.** Cuando todo es color de rosa y normal, no siento la necesidad de escribir. Pero en tiempos de conflicto o derrota, o cuando estoy en el suelo mirando hacia arriba, mi diario ofrece consuelo. He debido tener en cuenta este hecho al revisar mi diario del año pasado. Soy más propenso a escribir sobre un desacuerdo con mi esposa que sobre las muchas tardes pacíficas que he pasado con ella. ¿Por qué? Porque el conflicto fue un momento más intenso cuando sentí la necesidad de clamar a Dios y encontrar su sabiduría. El bálsamo aclarador de mi diario me ayudó a superar el problema.

2. **Para aclarar nuestro pensamiento.** Escribir sobre lo que pensamos nos ayuda a ver las cosas desde más de una perspectiva. Las impresiones vagas o los pensamientos poco claros comienzan a desenredarse a medida que los escribimos. En algunos casos, nos damos cuenta de que tenemos conocimiento que no sabíamos que poseíamos.

3. **Para reflexionar sobre lo que Dios ha hecho en nuestras vidas.** Durante mi tiempo con Dios, ocasionalmente abro mi diario y miro páginas de fechas pasadas. Mientras leo, recuerdo la situación pasada—el conflicto, la victoria o el anhelo. A menudo me encuentro pensando: "Guau, el tiempo ha pasado tan rápido. Estoy muy agradecido por la obra de Dios en mi vida. Nunca me ha decepcionado".

A medida que practiques escribir tus pensamientos en tu diario regularmente, tu escritura pronto se convertirá en un refugio. Te encontrarás escribiendo en momentos de dolor, dificultad, confusión o alegría. Con el tiempo, este registro escrito se convertirá en una fuente de aliento a medida que se verifiquen las promesas de Dios o que tus luchas finalmente terminen. Te encantará recordar lo que Dios ha logrado en tu vida.

Volverás a descubrir que Dios mismo te estaba guiando y que fue fiel para llevarte a través del difícil desafío. Serás animado para confiar en Dios para la próxima curva del camino, sabiendo que Él volverá a ser fiel, como siempre lo ha sido.

Establece la Cantidad de Tiempo

Mi recomendación para aquellos que recién comienzan su tiempo a solas con Dios es pasar media hora cada día, con el objetivo de llegar a una hora. "¿Por qué incluso establecer un tiempo específico?" te podrías preguntar. "¿Por qué no pasar tanto tiempo como sea necesario?"

Porque cuando pasas tiempo con Dios por primera vez, será difícil sentir su presencia. Probablemente te sientas seco y te preguntes por qué necesitas practicar un ejercicio tan ritualista. Lleva tiempo desarrollar intimidad con Dios.

En esos primeros días, sigue adelante, incluso si recibes poco durante tu tiempo a solas con Dios. Mike Bickle, un pastor de Kansas City conocido por su ministerio de oración de veinticuatro horas, escribe:

> Cuando pasas 60 minutos por primera vez en un tiempo de oración, no te sorprendas si sales con solo 5 minutos que consideras como un tiempo de calidad. Sigue así, y esos 5 minutos se convertirán en 15, luego en 30 y luego en más. Lo ideal, por supuesto, es terminar con cantidad y calidad, no una ni la otra.[35]

C. Peter Wagner escribe: "Es más recomendable comenzar con la cantidad que con la calidad en el tiempo diario de oración. Primero, programa el tiempo. La calidad generalmente le seguirá".[36]

A medida que establezcas la cantidad de tiempo y persistas, desarrollarás más calidad a medida que pase el tiempo. Crecerá tu deleite de pasar tiempo con Dios cuanto más lo hagas. El hambre produce más hambre.

Cuando comencé a salir con mi esposa, nuestro tiempo inicial juntos fue incómodo. No estábamos seguros de qué decir, cómo actuar o qué esperar. A medida que pasamos más tiempo juntos, nuestra relación se volvió más natural. Nos entendíamos mejor y podíamos disfrutar el uno del otro más plenamente. A medida que pases tiempo constantemente con Dios, notarás una nueva libertad en su presencia. La cantidad de tiempo se volverá de más calidad a medida que crezcas en tu relación con Él.

Te hará falta pasar tiempo con Dios cuando no lo tengas. Anhelarás estar en su presencia, recibiendo su victoria mientras enfrentas tus desafíos cada día.

Hazlo un Hábito

Un hábito es un comportamiento rutinario que se repite regularmente y tiende a ocurrir inconscientemente. Haz de tu tiempo a solas con Dios un hábito. Permite que se convierta en parte de tu rutina, así que cuando no lo tengas, te hará falta. No esperes el impulso. Que sea una disciplina, y el impulso vendrá. Cuando lo estropees y no puedas pasar tiempo con Dios, no dejes que el diablo te condene. Recuerda la prioridad de la gracia. Habrá fracasos.

Surgirán circunstancias en las que será muy difícil mantener tu horario normal. Toma esas excepciones con calma y no te rindas.

La falta de consistencia es uno de los mayores obstáculos para el tiempo a diario y regular con Dios. Cuando se les pregunta con qué frecuencia tienen un momento a solas con Dios, las personas a menudo responden: "Cuando tengo ganas". Muchos deciden pasar tiempo con Dios cuando sienten necesidad. El pensamiento subyacente es que es más espiritual pasar tiempo con Dios cuando te sientes agobiado. Pero si bien es grandioso sentir la carga y la pasión de Dios, ese no siempre será el caso. Lo más probable es que te sientas cansado, ocupado y preocupado por otras cosas.

Es mejor desarrollar el hábito de encontrarse con Dios a la misma hora todos los días. La razón principal es pragmática: aumentará la probabilidad de que tengas un tiempo con Dios porque te acostumbrarás a reservar ese período de tiempo. Te encontrarás planeando tu actividad diaria *en torno* a tu tiempo con Dios, en lugar de tratar de adaptarlo a un horario abarrotado.

Cuando elijas un momento, comparte tu elección con otra persona (cónyuge, compañero de cuarto, padre, amigo) y pídele a esa persona que ore por ti. Tener una persona que te aliente y a quien le rindas cuenta puede ser de gran ayuda para mantener tu compromiso de tener un momento a solas con Dios diario. Y asegúrate de hacer lo mismo por otra persona.

Alguien ha dicho que un viaje de mil millas comienza con un solo paso. Da ese primer paso ahora. Después de un tiempo, pasar tiempo a diario con Dios se convertirá en un hábito. Sí, hay veces que fallarás, pero pídele que te llene y te dé dominio propio (Gálatas 5:22–23).

La Recompensa de Dios

Tuve la oportunidad de comprender mejor la relación entre el tiempo con Dios y la bendición de Dios. Para mi disertación doctoral, encuesté a 700 líderes laicos en una amplia variedad de iglesias para determinar por qué algunos líderes llevaron más fruto que otros. Me sorprendió descubrir que el éxito de un líder no tenía nada que ver con la personalidad, el estatus social, la educación o los dones espirituales. Pero tenía todo que ver con la cantidad de tiempo que pasaban con Dios. Esto apareció constantemente como el factor más importante en mi estudio.

Dios desea recompensarte y hacerte más efectivo en tu trabajo, con tu familia, en tus estudios y en tus relaciones interpersonales.

Él quiere que camines en victoria y confianza. El tiempo de comunión es ese lugar en el que el Padre te ve y te recompensará abiertamente. Recuerda la promesa de Cristo: "Pero tú, cuando te pongas a orar, entra en tu cuarto, cierra la puerta y ora a tu Padre, que está en lo secreto. Así tu Padre, que ve lo que se hace en secreto, te recompensará" (Mateo 6:6). Descubrirás una nueva victoria en todo lo que hagas y digas debido a su presencia invisible.

Por supuesto, la mejor recompensa de todas es la comunión con el Dios vivo y llegar a conocerlo mejor. Este debería ser nuestro punto más importante y nuestro principal objetivo. Cuanto más tiempo pasamos con Dios, más lo conocemos y llegamos a ser como Él (1 Juan 3:1).

Puntos a Considerar

- ¿Cuál es el principio más importante que has aprendido de este capítulo? ¿Cómo lo aplicarás?

- En una escala del 1–10, ¿qué tan consistente es tu tiempo con Dios?

- ¿Qué puedes hacer para mejorar tu tiempo con Dios?

- Describe tu plan diario de lectura en tu tiempo con Dios.

Invierte en tu Círculo Íntimo

———————◀◆◇◆▶———————

Vi un programa de televisión en el que un equipo pastoral (el esposo y la esposa) muy famoso, le decían a su iglesia en televisión en vivo que se iban a divorciar, pero que continuarían ministrando como de costumbre. Él continuaría pastoreando la iglesia, pero ella se mudaría a otro estado para dirigir su ministerio eclesiástico ya establecido.

Están actuando como si nada hubiera pasado. ¿Hemos descendido a tal abismo que nuestro cristianismo no funciona en los niveles más íntimos de nuestras vidas?

Me imagino que algunos en la congregación se sintieron justificados cuando escucharon las noticias esa mañana. Después de todo, aquellos que escuchaban tenían la misma probabilidad de haber experimentado un divorcio que la población que no va a la iglesia. Mark Galli escribe:

> [. . .] la tasa a la que se divorcian los evangélico es difícil de distinguir de otros grupos culturales más grandes, y la lista de razones para el divorcio no parece diferente: «Nos distanciamos». "Ya no satisfacíamos las necesidades del otro". "Diferencias irreconciliables". El lenguaje del divorcio usualmente está relacionado con la falta de realización personal.[37]

Una de las cosas más tristes de la cultura occidental es la ruptura entre la vida personal y la pública de las personas. Se ha vuelto aceptable decir: "No me importa lo que él o ella haga en privado. Eso no es asunto mío".

Dios se preocupa y se preocupa tanto como para intervenir. No quiere atraparnos. Más bien, quiere moldearnos para que seamos como Él. Quiere llevarnos a ser como a su imagen, para que seamos como Él y aprendamos a amarlo y disfrutarlo todos los días de nuestras vidas.

El famoso autor y orador, John Maxwell, ha estado casado con su esposa, Margaret, durante más de cuarenta años. Maxwell escribe:

Todavía estoy casado con el amor de mi vida, mis dos hijos están casados y tienen hijos (¡mis angelitos!), y todos todavía disfrutamos pasar tiempo juntos. Envolver mi definición de éxito en torno a las personas que más quiero marcó la diferencia. Y realmente, cuando llegues al final de tu vida, ¿qué será lo más importante para ti? ¿Premios polvorientos otorgados por cualquiera o una conexión profunda con tus seres queridos?[38]

Cuando Maxwell tenía treinta y nueve años, notó que muchos de sus amigos de la universidad se estaban divorciando. Él y Margaret no creían que estuvieran en peligro, pero sabían que muchos de sus amigos también habían pensado que sus relaciones eran indestructibles. La carrera de John despegaba y no quería perder a su familia en el proceso. Eso lo llevó a tomar una de las decisiones clave para su vida, reescribir su definición de éxito. En lugar de aclamación, avance o logro, decidió que para él:

El éxito significa que las personas más cercanas a mí son las que más me quieren y me respetan.

Esto hizo posible el éxito para él solo si incluía a su esposa e hijos en la travesía. A partir de ese momento, su éxito dependió de poner a la familia en primer lugar.

Él escribe: «Si realmente quieres tener éxito en esta vida, debes hacerte una pregunta: ¿Tu búsqueda del éxito te está acercando o alejando de las personas más importantes en tu vida?"[39]

Cuando escuché a Maxwell pronunciar estas palabras en una reunión de Fieles a sus Promesas (Promise Keepers) en julio de 1996, no entendí todo el peso de lo que dijo esa tarde, pero a lo largo de los años, tuve tiempo de reflexionar sobre la vida, el ministerio y las relaciones. Las palabras de Maxwell me han convencido de priorizar lo que realmente importa. Aunque la comunión involucra muchas áreas de nuestras vidas, las relaciones comunitarias más importantes son las más cercanas a nosotros. Si la comunión no funciona allí, realmente no funciona. La victoria de Dios viene a través del éxito en nuestras relaciones. La vida cristiana necesita ser desarrollada con las personas más cercanas a nosotros. El resultado es la victoria.

Las Relaciones Sí Importan

La gente no cree que sus relaciones personales definan el éxito. Piensan que su éxito externo o personalidad es lo que más importa.

Muchas parejas cristianas viven bajo el mismo techo, pero están completamente separadas emocionalmente y nunca han podido reconciliarse. Solo se comunican lo suficiente como para administrar las finanzas y otras tareas relacionadas.

Uno de mis amigos de la infancia, John, estaba lleno de vida y era divertido. Ahora vive una existencia ermitaña con su madre y solo ocasionalmente sale de la casa para mover el automóvil o hacer otras actividades esenciales. Tal vez solo tiene miedo. Su madre, que rara vez sale de la casa, probablemente fue afectada profundamente cuando su segundo esposo se suicidó. Dios desea transformar a John y a su madre. Necesitan el amor de Dios para superar el dolor y luego llevarlos a relaciones amorosas con los demás.

La verdadera victoria es tener éxito con aquellos que están más cerca de nosotros y permitir que Jesús nos moldee a través de esas relaciones íntimas.

Dar Prioridad a las Relaciones Cercanas

Tengo el privilegio de hablar con multitudes de todo el mundo. Las personas que conozco en esos eventos no me conocen personalmente. Quizás hayan leído uno de mis libros y, con suerte, les haya dado una buena impresión al hablar. Sin embargo, no conocen el verdadero yo. Y yo no los conozco a ellos.

La multitud no nos conoce personalmente. Podemos escondernos de la multitud. Podemos decir lo suficiente para hacernos ver "reales" pero muy poco para ser realmente vulnerables.

Mi esposa y mi familia, sin embargo, me conocen íntimamente. Ven a Joel Comiskey de cerca y saben cuán exitosamente se traduce mi fe en lo esencial de la vida. Son testigos de cómo trato las circunstancias de la vida real y si estoy viviendo la vida cristiana, en lugar de solo hablando de ella. Las palabras pasan a segundo plano a la acción y el estilo de vida. Saben cómo actúo y quién soy.

He fallado a veces y he pecado. ¿Pero cómo me recuperé? ¿Cómo recalibré? La obra de gracia de Dios comienza con el círculo interno. En ese círculo, recibimos críticas, aliento verdadero y hacemos correcciones a mitad de camino. Al pasar la prueba del círculo interno, Dios puede usarnos en esferas de influencia mayores.

Dios no está interesado en el éxito público sin una victoria privada. Los dos son inseparables. De hecho, Cristo priorizó la enseñanza de doce discípulos durante tres años para que luego pudieran pasar la prueba de la multitud. Quería que esos pocos aplicaran con éxito sus palabras en la vida diaria y en la acción. Al concentrarse en ellos, Jesús con el tiempo llegaría a más y más personas. Pero primero necesitaba centrarse en la calidad. La calidad traería la cantidad.

La concentración intencional de Cristo en los doce adquiere importancia al saber que las multitudes querían tomarlo por la fuerza y coronarlo Rey (Juan 6:15). Incluso los fariseos admitieron que el mundo había ido tras Él (Juan 12:19). Pero Jesús se centró en los que ministrarían a las masas. Cambiarían el mundo, y Jesús se centró en ellos primero. Ellos eran su prioridad.

Esto es lo que Dios nos llama a hacer hoy. Él quiere que nos enfoquemos en los más cercanos a nosotros. Esos son los que más nos necesitan. Cristo también está interesado en el éxito relacional con aquellos con quienes somos más cercanos, los que nos conocen mejor. El apóstol Pablo también apoyó este principio relacional en su ministerio cuando nos amonesta en Gálatas 6:9–10: "No nos cansemos de hacer el bien, porque a su debido tiempo cosecharemos si no nos damos por vencidos. Por lo tanto, siempre que tengamos la oportunidad, hagamos bien a todos, y en especial a los de la familia de la fe".

¿Quiénes son los más cercanos a ti? Solo tú puedes responder esa pregunta, dependiendo de tus circunstancias. Si estás casado, creo que tu cónyuge es el número uno en tu lista. Si eres un niño, son tus padres, hermanos, hermanas y amigos. Si estás divorciado y tienes hijos, los más cercanos a ti serían tus hijos. Si eres soltero, tal vez tu círculo íntimo serían amigos cercanos o creyentes con los que te encuentres regularmente.

El Círculo Íntimo de Dios

No encontrarás la palabra "Trinidad" en la Biblia. Sin embargo, las Escrituras son muy claras, que solo hay un Dios y que las tres personas (Padre, Hijo y Espíritu Santo) se llaman Dios. La Biblia enseña que:

- El Padre es Dios: "para nosotros no hay más que un solo Dios, el Padre, de quien todo procede y para el cual vivimos; y no hay más que un solo Señor, es decir, Jesucristo, por quien todo existe y por medio del cual vivimos" (1 Corintios 8:6).

- Jesús es Dios: "Pero con respecto al Hijo dice: "Tu trono, oh Dios, permanece por los siglos de los siglos, y el cetro de tu reino es un cetro de justicia" (Hebreos 1:8)

- El Espíritu Santo es Dios: "—Ananías —le reclamó Pedro—, ¿cómo es posible que Satanás haya llenado tu corazón para que le mintieras al Espíritu Santo . . . ¡No has mentido a los hombres, sino a Dios!" (Hechos 5:3–4).

- Hay un solo Dios: "Escucha, Israel: El Señor nuestro Dios es el único Señor" (Deuteronomio 6:4).

Debo admitir que nunca pensé que la Trinidad tuviera mucha aplicación personal. La Trinidad parecía un buen concepto teológico, nada más. Lo estudié en la universidad, mencioné la Trinidad en los sermones y, por supuesto, lo creí. ¿Pero, es un concepto que pueda transformarme? De ninguna manera.

Mis puntos de vista han cambiado. Últimamente, me he encontrado meditando maravillado en asombro total. Aquí están algunos de mis pensamientos:

• Amo y sirvo a un Dios que existe en una relación perfecta.

• Dios no es un llanero solitario. Él existe en comunión.

• Su comunión con los otros miembros de la Trinidad es mi modelo a seguir.

El Padre, el Hijo y el Espíritu Santo residen en cada creyente. La propia naturaleza de Dios, por lo tanto, es guiar a sus hijos a formar relaciones con los demás. Dios dice en Génesis 1:26: "y dijo: Hagamos al ser humano a nuestra imagen y semejanza . . .". Nota, la pluralidad de "hagamos" y "a nuestra imagen". Dios nos está transformando en su propia imagen relacional. Larry Crabb escribe:

> Fuimos diseñados por nuestro Dios trino (que es un grupo de tres personas en una relación profunda entre sí) para vivir en relación. Sin eso, morimos. Es así de simple. Sin una comunión donde nos conozcamos, exploremos, descubramos y nos abracemos, experimentamos aislamiento y desesperación que nos llevan a direcciones equivocadas que corrompen nuestros esfuerzos por vivir de manera significativa y por amar bien.[40]

La meta de Cristo mientras estaba en la tierra fue moldear a sus discípulos para que fueran como la Trinidad. Viajó con ellos durante tres años para demostrarles y enseñarles sobre el amor y la comunión. Moldearlos y darles forma como comunidad fue el componente clave de su capacitación. Jesús tuvo un gran desafío para unir a un grupo tan diverso. Reunió a discípulos que eran temperamentales y que se ofendían fácilmente. A menudo se veían como competencia, y no les era fácil lavarse los pies los unos a los otros (Juan 13:14).

Jesús a menudo señaló la unidad dentro de la Trinidad como un modelo para que sus discípulos lo siguieran. Observe cómo Jesús describe su relación con el Padre:

... para que todos sean uno. Padre, así como tú estás en mí y yo en ti, permite que ellos también estén en nosotros, para que el mundo crea que tú me has enviado. Yo les he dado la gloria que me diste, para que sean uno, así como nosotros somos uno. (Juan 17:21–22)

Y Jesús tuvo éxito al ayudarlos pacientemente a comprender la importancia de la unidad y el amor mutuo.

Por supuesto, los discípulos estaban con Jesús encarnado. Nosotros no. Pero Dios ha prometido a su Espíritu Santo que nos ayudará a ser como la Trinidad y luego, a su vez, a priorizar nuestras propias relaciones íntimas. La conclusión es que necesitamos que la Trinidad trabaje a través de nosotros para tener éxito con las personas más cercanas a nosotros.

Dios nos ayuda a ver su presencia en los demás y a amarlos como Él lo hace. Nos transforma para actuar como Él. Actuar independientemente va en contra de su carácter. De hecho, la comunión es la naturaleza misma de Dios. Él nos animará a amarnos, a servirnos, a esperarnos y a caminar humildes unos con otros. Jesús quiere que tengamos éxito con las personas más cercanas a nosotros. El éxito comienza con aquellos que nos conocen mejor y luego se extiende también a aquellos que no nos conocen.

El Cónyuge

El primer eslabón en mi círculo íntimo es mi relación con Celyce, con quien me casé el 13 de febrero de 1988. Ella sabe cómo reacciono ante las circunstancias de la vida. Ella sabe el porqué detrás de mi vida y ministerio, y su consejo para mí se basa en patrones y experiencias que solo ella conoce. Dios la usa para agudizarme, y yo hago lo mismo con ella. Todavía nos estamos afinando constantemente. Superamos conflictos, nos relajamos, imaginamos, tomamos decisiones y nos cuidamos el uno al otro.

Mi carácter cristiano se comprueba primero en mi relación con ella y solo después, con otros. Necesito tener éxito en esta relación para vivir verdaderamente en victoria en la vida cristiana. ¿Por qué? Porque ella me conoce íntimamente. Ella sabe si estoy obedeciendo la Palabra de Dios, caminando en amor y volviéndome más como Jesús. Y la buena noticia es que he visto mucho progreso. He tenido que confesar mucho pecado, pero Jesús me está haciendo más como Él.

Mi deseo es ser el mejor esposo posible y desarrollar la relación más profunda e íntima con Celyce. Ella es mi ministerio. Ella no es parte de mi ministerio.

Me entristece pensar que, durante ciertos períodos de nuestro matrimonio, actué como si el objetivo principal de mi vida fuera el éxito personal y que el matrimonio era un apoyo para mi propio beneficio. Esperaba que ella "se alineara" y me ayudara en mi ministerio. Dios me ha mostrado lenta y amorosamente que Celyce es mi ministerio número uno. Por lo tanto, las principales preguntas que necesito hacerme son las siguientes:

• ¿Cree ella que estamos mejorando en nuestro matrimonio?

• ¿Nos estamos divirtiendo juntos?

• ¿Estoy pasando tiempo de calidad con ella?

• ¿Estamos creciendo en nuestra amistad?

• ¿Soy sensible para ver las cosas a través de sus ojos?

Debemos trabajar diligentemente en nuestra relación. El conflicto puede surgir en cualquier momento. De hecho, el conflicto es una parte clave del paquete de madurez—aprender a ser como

Jesús. La intensidad del matrimonio lleva esos conflictos a un nuevo nivel. Si bien nos tenemos el uno al otro, necesitamos crecer constantemente en nuestra relación entre nosotros.

En el matrimonio, ambos estamos aprendiendo a pedirle a Dios que nos dé la gracia para disculparnos, perdonarnos, confesar nuestros propios pecados y luego seguir adelante. Nos alegramos de que nuestro amor y nuestra relación sea cada vez más profunda. He tenido que confesar y lidiar con la esclavitud de la ira. Tuve que llegar al punto de admitir que la ira siempre es un pecado, al menos en mi relación con Celyce.

Dios podría estar usando a tu cónyuge para llevarte a estar de rodillas. Puede que tengas que pedirle a Dios gracia y perdón. Cree que Dios te está transformando y moldeando. Esto es parte del paquete de crecimiento—la forma en que Dios te está haciendo más como Él.

Algunos han experimentado un círculo interno roto a través del divorcio, la traición, la muerte o alguna otra tragedia. Si esta ha sido tu experiencia, Dios puede comenzar el proceso nuevamente y darte un nuevo círculo interno. Es posible que hayas fallado en tu relación con tus hijos, te hayas portado mal con tus padres o te hayas alejado de amigos cercanos por cualquier motivo. No importa cuál sea la situación, la gracia de Dios nos hace completos. Y Él se deleita en cambiar nuestras vidas.

La gracia de Dios nos lleva a donde estamos y nos mueve hacia adelante. C. S. Lewis dijo una vez que Dios nos recompensará de acuerdo con el progreso que hemos hecho desde donde comenzamos. Billy Graham comenzó más adelante que la mayoría de las personas, habiendo sido criado en una familia cristiana piadosa. Otros han comenzado desde un hogar roto, pero han avanzado mucho.

Mario, un amigo mío, fue un pastor exitoso en Long Island, Nueva York. Su iglesia creció para ser bastante grande. Entonces su círculo íntimo comenzó a desmoronarse. Su esposa, diagnosticada con enfermedad bipolar, comenzó a tener una relación íntima con otra mujer.

Mario intentó todo para salvar su matrimonio, incluyendo meses de consejería bajo la atenta mirada de su superintendente bautista. Su esposa continuó con su relación lésbica y finalmente se divorció de Mario. Su iglesia le pidió a Mario que se fuera. Puedes imaginar las profundidades de la oscuridad que Mario enfrentó en ese momento. Afortunadamente, sus hijos, al ver las respuestas piadosas de su padre durante la crisis, se mantuvieron fieles a Jesús.

Finalmente, Mario se volvió a casar con una mujer piadosa que había experimentado un problema matrimonial similar. Él comenzó a trabajar en el mundo secular, pero el llamado al ministerio le tocó el corazón, y años más tarde, respondió al llamado de Dios para regresar al pastorado cuando una iglesia evangélica en Texas contrató a Mario después de examinar su mundo interior reconstruido. La iglesia vio cómo Dios había usado la tragedia de Mario para hacerlo más fuerte.

Estoy en contacto ahora con Mario de forma regular. Él tiene una compasión más profunda por las personas. Ha caminado con Dios por el valle y ha salido más fuerte y más sabio. Él puede ayudar a otros en sus momentos difíciles porque Dios lo ha ayudado a él.

Las tragedias golpean a las familias y matrimonios todo el tiempo. La buena noticia es que Dios reconstruye los círculos internos, como lo hizo con Mario. Cristo puede convertir completamente una situación oscura en un ejemplo brillante.

Dios es el Dios de la esperanza. Le encanta mostrar su fuerza en las debilidades y fracasos. Él quiere hacerte un discípulo relacional que tendrá un impacto en la vida de muchos. Pero debes comenzar desde una base segura. Dios es quien nos lleva y nos obliga a avanzar. Él nos lleva hacia el futuro.

La Familia

Compartí una comida con un misionero que me dijo que su padre, un ministro internacional, detuvo su ministerio durante un año para pasar tiempo con él durante sus años difíciles. Admiro el compromiso de este padre de colocar el bienestar de su hijo por encima de su propio éxito ministerial. Lamentablemente, muchos no lo han hecho. Han colocado su propio éxito por encima de la relación con sus hijos.

Creo que la meta más alta para nuestros hijos es que amen al Señor Dios con todo su corazón, alma, mente y fuerza (Lucas 10:27). Este debería ser el mayor deseo de los padres por sus hijos— pasarles con precisión la antorcha de la fe cristiana y que sigan siendo discípulos comprometidos de Cristo. De acuerdo, este es nuestro objetivo, pero a menudo se pone feo y los hijos no siempre se comportan como queremos. La buena noticia es que cuando entrenamos a nuestros hijos en el camino que deben seguir, incluso si se extravían, podemos confiar en que volverán.

Estoy convencido de que el tiempo devocional familiar es el mejor momento para que los padres críen a sus hijos en los caminos de Dios y realmente los preparen para la vida con Cristo. Pasar un tiempo devocional con los hijos no garantiza que seguirán a Jesús más tarde. Solo refleja las prioridades de los padres para enfatizar la piedad. Los padres tienen una oportunidad de oro para entrenar a los hijos en los caminos de Jesús cuando son jóvenes.

Criar hijos saludables no se trata solo de tiempo devocional compartido. También se trata de amistad, diversión y actividad espontánea. Platón escribió una vez: "Puedes aprender más sobre un hombre en una hora de juego que en un año de conversación".[41] Tomar un día libre es esencial—tanto para los padres como para los miembros de la familia. Le da a la familia la oportunidad de divertirse, reunir fuerzas y enfrentar la semana con un nuevo vigor. Y ayuda a la familia a construir y mantener relaciones sólidas.

Los niños se sienten cuidados y amados cuando su padre y su madre viven en armonía. Sabemos por experiencia que cuando nosotros, como marido y mujer, estamos bien, nuestros hijos se sienten seguros. Cuando hago que mi esposa se sienta especial, mis hijos me honran de una manera especial. Creo que una relación exitosa entre marido y mujer es la mitad de la batalla cuando se trata de la crianza adecuada de los hijos. La relación marido y mujer es el pegamento que hace que otras relaciones funcionen. Lo mejor que un padre puede hacer por sus hijos es amar a su esposa.

Un amigo cristiano que se divorció recientemente recordó que su hijo le preguntó durante el proceso de divorcio: "¿Dónde está Dios en todo esto, papá?" Su hijo aún no se ha recuperado. El pegamento del matrimonio, que se suponía que ayudaría a este niño a crecer en su relación con Dios, se desprendió.

Dios está buscando una descendencia piadosa a medida que los padres se priorizan entre sí y a sus hijos (Malaquías 2:13–16). Dios desea que los hijos vean la comunión entre padre y madre. Cuando este no es el caso, los niños desarrollan inseguridad. A menudo, los hijos de padres divorciados experimentan amargura debido a la vaga desesperanza que sienten acerca de sus propias perspectivas de desarrollar relaciones cercanas con un futuro cónyuge.

Estoy siendo constantemente recordado que mis hijos son instrumentos de Dios para hacerme más como Jesús. Michael Farris, un educador y autor que crio exitosamente a tres hijas, escribió un libro titulado *Lo que una hija necesita de su padre (What a Daughter Needs from Her Dad)*. Él dice:

Desde una edad muy temprana, tu hija sabrá cuándo has tomado una decisión equivocada y has hecho un juicio inapropiado [. . .] Un padre que se niega a admitir un error o a trabajar para cambiar el comportamiento pobre e inmaduro cosecha a una hija que se niega a confiar en él [. . .] Tu confiabilidad en realidad mejora cuando estás dispuesto a admitir el hecho evidente de que has cometido un error.[42]

Mi oración constante es que pueda admitir mis errores cuando mis hijos los señalen. El reconocimiento y la confesión son opciones mucho mejores que la justificación y el rechazo. También construyen un respeto saludable. He actuado tan inmaduro a veces, estallando de ira, comportándome con impaciencia y sin ser sensible. Me ha parecido mucho mejor humillarme, disculparme, escuchar a mis hijos y luego pedirle a Dios que obre profundamente dentro de mí. Dios quiere moldearme a través de estas situaciones. Los hijos ven lo que realmente está sucediendo en el corazón de los padres. Los hijos son como espejos que reflejan debilidades, alegrías y victorias.

Vivimos en victoria al permitir que el Espíritu Santo nos moldee a través de aquellos que están más cerca de nosotros. Sí, estas relaciones nos desafían más, pero también nos ayudan a desarrollar el carácter cristiano y a ser más como Jesús.

Amigos

Jesús hizo de la amistad una de las principales prioridades. A él le gustaba ir a la casa de María, Marta y Lázaro. Probablemente este era un lugar donde Jesús podía relajarse y sentirse como un humano normal. Los discípulos de Cristo también fueron sus amigos. De hecho, les dijo a sus discípulos que los consideraba como amigos, en lugar de siervos (Juan 15:15).

La amistad también era importante para el apóstol Pablo. Nota lo que dice en 2 Corintios 2:12–13: "Ahora bien, cuando llegué a Troas para predicar el evangelio de Cristo, descubrí que el Señor me había abierto las puertas. Aun así, me sentí intranquilo por no haber encontrado allí a mi hermano Tito, por lo cual me despedí de ellos y me fui a Macedonia". Aunque predicar el evangelio era la prioridad de Pablo, también entendía la necesidad de la amistad.

Todos necesitamos a un amigo cercano—alguien con quien podamos compartir detalles íntimos de nuestras vidas. Los autores Will Miller y Glenn Sparks de *Derechos de Refrigerador (Refrigerator Rights)* creen que hay demasiadas personas que acuden a sus cónyuges para satisfacer todas sus necesidades emocionales, lo que ejerce una enorme presión sobre el matrimonio. Los cónyuges necesitan amistades adicionales fuera del matrimonio. Por supuesto, los amigos cercanos son difíciles de encontrar y más difíciles de mantener. Uno de mis amigos más cercanos murió de un tumor cerebral. Habíamos cultivado una amistad cercana por más de treinta años antes de que muriera. Ese tipo de amistad es difícil de recrear.

Hace unos años, ministré en Hong Kong y luego, recorrí la ciudad con un grupo de Japón. Doug, un misionero de carrera en Japón, y yo hablamos sobre su ministerio de entrenamiento, único en todo el mundo.

"Cuando hablo con líderes dentro de Japón y en otros países, el único denominador común es la falta de amistades", dijo. "Los ocupados *líderes a menudo se sienten muy solos. Tienen pocas personas a las que pueden recurrir en tiempos de necesidad*".

Ambos reconocimos que no es solo un problema de liderazgo. Es un problema que todos enfrentamos, especialmente en la cultura occidental. Consumimos nuestro tiempo extra en el trabajo y no nos tomamos el tiempo para establecer amistades profundas.

La amistad no es una calle de sentido único. Las personas que solo quieren hablar sin también escuchar, no son buenos amigos. Kevin Strong, quien murió de cáncer, fue uno de mis mejores amigos. Kevin siempre hizo dos cosas bien. Primero, compartió lo que estaba sucediendo en su vida. En segundo lugar, hacía grandiosas preguntas. Practicó escuchar activamente (decía, por ejemplo, "así que te escucho decir") y luego hacía preguntas adicionales para extraer el significado.

Mi consejo es encontrar uno o dos amigos sólidos del mismo género. Abre tu corazón y tu horario a esas personas— tanto tiempo espontáneo y de diversión, como tiempo serio para compartir. Establece contacto regularmente con ellos. Ábrete con ellos, sabiendo que uno de los ingredientes clave de un verdadero amigo es la transparencia. Y no te olvides de orar el uno por el otro. Se transparente. Comparte lo que realmente está en tu corazón. Profundiza.

Mi esposa Celyce y yo tenemos algunos amigos muy cercanos con quienes nos reunimos cada año durante unos cinco días. Cuando estamos juntos, nos reímos, hablamos y nos rendimos cuentas mutuamente. También nos conocen íntimamente, ya que han sido nuestros amigos más cercanos durante aproximadamente treinta y seis años.

Vivir en victoria con nuestros amigos es esencial porque ellos nos conocen a través del tiempo. Están comprometidos con nosotros a largo plazo y dicen la verdad con amor. Proverbios 18:24 dice: "Hay amigos que llevan a la ruina, y hay amigos más fieles que un hermano". Esos son el tipo de amigos que necesitamos.

El Viaje

Si no tienes un círculo interno, pídale a Jesús que te ayude a formar uno. Él te dirigirá a una o más personas con las que puedas tener una relación cercana de amistad y de rendición de cuentas. La clave es encontrar personas que te conozcan lo suficientemente bien como para pedirte cuentas. Crecerás en relación con estas personas, y reflejarás a Jesucristo de una manera más plena a medida que se afinan mutuamente.

La Trinidad creó a los humanos para vivir relacionalmente, al igual que Él habita en comunión perpetua con los otros miembros de la Trinidad. Al principio, Dios entendió que no era bueno para su creación humana estar sola. Creó un cónyuge, una familia y amigos para que tengamos personas con las que podamos compartir el viaje de nuestra vida.

Todos enfrentamos luchas emocionales, espirituales y físicas. Pero en el camino, buscamos a aquellos que están más cerca de nosotros para que nos brinden consejería, aliento y asistencia en nuestro crecimiento espiritual. Son aquellos con quienes podemos alegrarnos, llorar y compartir de manera transparente. En otras palabras, son los que más importan.

También saben si estamos creciendo en la fe cristiana o retrocediendo. Podemos parecer estar bien ante la multitud, o incluso con los que están en el trabajo, pero no engañaremos a los más cercanos. Nos conocen íntimamente y nos moldearán mientras nosotros hacemos lo mismo por ellos.

A medida que realizamos este viaje con las personas más cercanas a nosotros y les permitimos moldearnos, nos volveremos más como la Trinidad. Y esa es la meta de la vida cristiana—ser como el Dios que nos hizo y nos llamó a glorificar su nombre.

Puntos a Considerar

- ¿Cuál es el principio más importante que has aprendido de este capítulo? ¿Cómo lo aplicarás?

- ¿Cómo describirías tus relaciones en tu círculo íntimo?

- ¿Qué puedes hacer para mejorar tu relación con las personas más cercanas a ti?

- ¿Cómo te ayuda tu relación con la Trinidad a priorizar a las personas más cercanas a ti?

Conéctate con la Familia de Dios

——————— «◆–◇–◆» ———————

Como cristiano recién convertido en Long Beach, California, asistía esporádicamente a un estudio bíblico en una casa en el área donde vivía. En este estudio bíblico, el líder comenzó a hablar sobre todas las iglesias falsas en el área y cómo él era el único que predicaba el verdadero evangelio. Yo tenía una sensación extraña mientras hablaba, pero no estaba seguro de si estaba en lo correcto o no. Yo era un cristiano joven y celoso que no tenía mucho discernimiento. Pero sí noté que muy pocas personas asistían a la reunión, y el líder parecía un llanero solitario.

El próximo domingo, asistí a mi iglesia Foursquare local en el centro de Long Beach. El pastor Billy Adams, un pastor de años y respetado por muchos, muchos años, predicaba constantemente de la Biblia. El pastor Billy estaba predicando ese domingo en 2 Pedro sobre los peligros de los falsos profetas. El Espíritu de Dios me dijo que el maestro del estudio bíblico era uno de esos falsos profetas y que necesitaba estar cerca de las enseñanzas del pastor Billy y de esta iglesia Foursquare. Nunca regresé a ese estudio bíblico.

Años después, mientras aún vivía en Long Beach, California, formé parte de un ministerio que se salió de control debido al estilo de vida impío del pastor fundador. Muchos dejaron el ministerio y su fe en Cristo. Una vez más, necesitaba mi iglesia local. Chuck Smith, pastor de la cercana capilla del Calvario, vino a rescatarme. Comencé a asistir a capilla del Calvario y a escuchar las cintas de enseñanza de Chuck Smith. La predicación de la Palabra de Dios guió mi camino y me ayudó a evitar errores y falsas doctrinas.

También encontré koinonía en capilla del Calvario y con el tiempo comencé mi propio grupo familiar, que estaba afiliado a capilla del Calvario. Una vez más, Dios usó la iglesia local para guiar mis caminos.

El Cristianismo de Dios y Yo

Muchas personas creen que no necesitan la iglesia local. Son como mi amigo Jim, quien oró la "oración del pecador". Había estado testificándole a Jim durante mucho tiempo, y ahora era cristiano, o eso pensaba. A lo largo de los meses, noté que a Jim no le gustaba asistir a la iglesia, diciéndome que era una persona muy privada y que no le gustaba compartir su vida con otras personas.

Después de muchos meses, sentí la necesidad de desafiar su pensamiento individualista. Le dije: "Los que conocen a Jesús están dispuestos a rendirle cuentas a otros. No se aferran a una religión privatizada ni a su propia fe personal". Mis palabras golpearon una pared. A Jim no le importaba escuchar acerca de Jesús y estaba dispuesto incluso a "aceptar a Cristo". Pero convertirse en un miembro responsable del cuerpo de Cristo estaba muy lejos de su mente.

Jim, como tantos otros, había adquirido una visión privatizada del cristianismo: Dios y yo. El autor y pastor Tod Bolsinger escuchó este mensaje individualista mientras crecía. El escribe:

> Lo que la mayoría de nosotros escuchamos en ese tipo de mensajes es que podemos tener una relación personal y privada con Cristo. Recuerdo que el líder juvenil hizo una invitación y dijo: "No hay nada a qué unirse, no es necesario ser miembro de la iglesia. Se trata solo de tener una relación con Jesús ". Y yo quería eso. Nada de iglesias, sino Jesús. Poco después de comprometer mi vida a seguir a Cristo, compré una camiseta que decía "JC y yo". Era una forma no tan sutil de compartir mi fe, y describía perfectamente mi nueva creencia. Esto no era la religión de mis padres, no se trataba de tradición o ritual, se trataba de "JC y yo", un sentimiento que siempre suena bien hasta que comienzas a leer la Biblia.[43]

Observe la última parte de las palabras de Bolsinger, "un sentimiento que siempre suena bien hasta que comienzas a leer la Biblia". Lo que puede sonar genial en una cultura individualista es extraño a una visión bíblica de comunidad. Con demasiada frecuencia, hemos actuado como si no necesitáramos reunirnos con otros creyentes.

La resistencia a reunirse fielmente con otros creyentes regularmente no es un problema nuevo. La misma tendencia también estaba ocurriendo en la iglesia del Nuevo Testamento. Para enfrentar este dilema, el escritor de Hebreos dijo: "No dejemos de congregarnos, como acostumbran hacerlo algunos, sino animémonos unos a otros, y con mayor razón ahora que vemos que aquel día se acerca". (Hebreos 10:25). La tendencia humana es resistirse a rendir cuentas a otros y rendir cuentas solo a nosotros mismos. Pero el Nuevo Testamento nos dice a menudo que nos necesitamos unos a otros (encontrarás más de cincuenta referencias de "los unos a los otros").

Necesitamos involucrarnos en la iglesia local para vivir en verdadera victoria.

¿Qué es la Iglesia?

Una denominación requería que una iglesia tuviera un edificio antes de llamarla iglesia. Un plantador de iglesias dentro de esta denominación escribió una disertación de doctorado para demostrar que la iglesia de Jesucristo no necesitaba un edificio para llamarse iglesia oficialmente. El plan de este plantador de iglesias era comenzar un grupo pequeño, multiplicar el grupo y con el tiempo reunirse en una instalación más grande. Quería que su denominación reconociera que el grupo pequeño inicial era una iglesia que funcionaba bíblicamente.

Entonces, ¿qué es una verdadera iglesia? ¿Es necesario que una iglesia tenga:

- ¿Un edificio?
- ¿Un púlpito?
- ¿Una cierta cantidad de personas?
- ¿Un terreno?

Estas cosas pueden incluirse en una iglesia, pero no son la iglesia. La Biblia usa el término *ecclesia*, o reunión de creyentes, para describir la iglesia. Esta palabra se refiere a aquellos que son llamados por Dios. Pablo usa *ecclesia* para describir la iglesia en las casas, así como la reunión más grande. Por ejemplo, en 1 Corintios 1:2, Pablo se dirige a toda la iglesia de Corinto *(ecclesia)*, pero luego, en 1 Corintios 16:19, escribe a la iglesia en la casa de Aquila y Priscila *(ecclesia)*. La misma palabra se usa tanto para la reunión más grande como para la pequeña.

La iglesia es un grupo de creyentes reunidos bajo el señorío de Jesús y líderes designados por Dios para crecer a semejanza de Cristo, escuchar y obedecer la Palabra de Dios y participar en los sacramentos (bautismo—Mateo 28:19 y la Cena del Señor—Mateo 26:26–28).[44]

La iglesia local se reúne regularmente a una hora y un lugar determinados. Tengo problema con aquellos que diluyen la definición de una iglesia al decir que asistir a un concierto cristiano ocasional o encender la televisión para escuchar a un predicador es lo mismo que involucrarse en una iglesia local. La iglesia local, más bien, es una reunión física de creyentes a nivel de ciudad o de iglesia en las casas (Hechos 12:12; Romanos 16:3–5; 1 Corintios 16:19; Colosenses 4:15; Filemón 2).

La iglesia de Cristo no es complicada. Él la creó para ser ágil y reproducible en todas las naciones del mundo, no solo en aquellas con suficiente dinero para adquirir estacionamientos y construir santuarios. Dios llama a los creyentes a formar parte de una iglesia local para ayudarlos a crecer en su fe y ser más como Jesús.

Más que una Institución Humana

Mucha gente mira a la iglesia local como una opción. Si tienen tiempo, participan en una iglesia local. Si no, no lo hacen. Las Escrituras nos cuentan una historia diferente. Jesús es la cabeza de la iglesia (Efesios 1:22), y Pablo incluso la llama el cuerpo de Cristo (1 Corintios 12:12–26). Una frase utilizada para describir la iglesia local es la novia de Cristo (Apocalipsis 19:7), que destaca cuán especial es la iglesia para Jesús. Dios ha ordenado a la iglesia local como el lugar donde crecemos para llegar a ser más como Jesús en presencia y comunión con otros. Dios también ha levantado líderes divinamente designados en la iglesia local para velar por nosotros, guiarnos y para llegar a conocernos personalmente.

Si vamos a vivir victoriosos, necesitamos estar conectados con la iglesia local. Aquí hay algunas razones para ello:

• La iglesia local nos ayuda a mantenernos en el camino correcto. Si escuchamos la Palabra de Dios predicada regularmente, es mucho más probable que sigamos el camino estrecho que la Biblia presenta. Satanás siempre está tratando de desviar a los creyentes de los caminos de Dios (1 Pedro 5:8–9).

• La iglesia local nos ayuda a formar relaciones afines. No todas las amistades son buenas. Las relaciones formadas en una iglesia local bíblica nos animan a vivir para Dios. Estar involucrado en una iglesia local es clave para desarrollar las relaciones íntimas de las que hablé en el capítulo anterior.

• Cuidado pastoral. Dios llama a los pastores y líderes de la iglesia a cuidar de los creyentes en los buenos y malos momentos (por ejemplo, enfermedad, matrimonio, etc.).

• El discipulado ocurre en el marco de la iglesia local.

Después de la resurrección de Cristo, la palabra discípulo fue reemplazada por palabras como *creyente, santo, cristiano, hermano* o *hermana en Cristo.* ¿Por qué? Porque después de Pentecostés, Dios estableció la iglesia, es decir, la reunión de creyentes, para ser el lugar principal donde se produjo el discipulado. En lugar de convertirse en discípulos por el esfuerzo de una persona, los primeros cristianos fueron moldeados y formados por el Espíritu de Dios, trabajando a través de la iglesia de Cristo.

La iglesia primitiva siguió el patrón de Cristo y cambió el mundo casa por casa. Esas iglesias en las casas celebraron juntas en una reunión local (Hechos 5:42; 20:20). Michael Wilkens dice:

> Discipular hoy en día siempre se lleva a cabo como una consecuencia de la vida de la iglesia, mientras que antes de Pentecostés ocurrió personalmente con Jesús. . . . Podemos ir tan lejos como para decir que, en muchos sentidos, el discipulado es el objetivo general de la iglesia, incluyendo el evangelismo, la enseñanza, la comunión, el liderazgo y la adoración, entre otros.[45]

Dios escogió la iglesia para hacer discípulos, tanto hoy como en los tiempos del Nuevo Testamento. Él ha ordenado a la iglesia local que renueve nuestra visión y nos prepare para la segunda venida de Jesucristo. Ricky Jones, plantador de iglesias en Oklahoma, dice:

> Quiero que entiendan que ser parte de la iglesia universal sin someterse a una iglesia local no es posible, bíblico o saludable.
>
> Primero, simplemente no es posible. Implicar que puedes ser parte de la comunidad mayor sin ser parte de la pequeña no es lógico. No puedes ser parte de Rotary International sin ser parte de un capítulo local. No puedes ser parte de la familia humana universal sin primero ser parte de una familia pequeña inmediata.
>
> Segundo, no es bíblico. Cada carta en el Nuevo Testamento asume que los cristianos son miembros de iglesias locales. Las cartas en sí están dirigidas a las iglesias locales. Nos enseñan cómo llevarnos bien con otros miembros, cómo animar a los débiles dentro de la iglesia, cómo comportarnos en la iglesia y qué hacer con los pecadores que no se han arrepentido en la iglesia. Éstas nos ordenan someternos a nuestros ancianos y nos animan a ir con nuestros ancianos para orar. Todas estas cosas son imposibles si no eres miembro de una iglesia

local. (Para referencias, ver 1 y 2 Corintios, Santiago, Efesios, 1 y 2 Timoteo, y 1 Pedro.)[46]

Una iglesia local dinámica debería incluir la oportunidad de llegar a ser conocido en un grupo pequeño, así como de reunirse en un grupo más grande para la adoración. Cuando Jesús dejó la tierra, les dijo a sus seguidores que hicieran discípulos de todas las naciones (Mateo 28:18–20). Esos primeros discípulos se reunieron en casas y se reunieron en grupos más grandes siempre que les fue posible (Hechos 2:42–46).

Date a Conocer en un Grupo Pequeño

Billy Graham dijo una vez: "Si encuentras una iglesia perfecta, no te unas a ella: la estropearías".[47] La iglesia perfecta no existe. Eso es porque la persona perfecta no existe, y las iglesias están formadas por personas imperfectas. Sin embargo, Dios ha elegido trabajar a través de personas imperfectas. Nuestros amigos más cercanos pasan por alto nuestras imperfecciones. Esto es cierto también con las familias e iglesias. Tendrás que aprender a ver más allá de las personalidades que te molestan y de las personas con las que no estás de acuerdo. Dios te moldeará y te dará forma en el proceso.

Algunas personas andan de iglesia en iglesia antes de llegar a conocer a alguien de cerca. Evitan las iglesias más pequeñas donde los miembros se conocen entre sí y están en favor de las iglesias más grandes donde pueden evitar las relaciones, entrando y saliendo antes de conocer a las personas íntimamente. Evita esto. Conoce a otros y deja que ellos te conozcan a ti.

A diferencia de la forma en que hoy vemos a la iglesia, los pasajes del Nuevo Testamento se escribieron principalmente para iglesias en las casas donde los creyentes se reunían para participar en la Cena del Señor, ministrar a través de los dones del Espíritu, reflexionar en las Escrituras y edificarse mutuamente.

De hecho, el mejor lugar para experimentar la iglesia es en un grupo pequeño de tres a quince personas. Después de todo, el movimiento del Nuevo Testamento fue un movimiento de casa en casa (Hechos 2:42–46; 5:42; 20:20).

Jesús eligió un grupo pequeño de doce para discipular a sus propios seguidores. Sabía que el grupo pequeño era la mejor manera de interactuar y practicar el aprendizaje y la transparencia. La verdadera comunión cristiana nunca es secreta. Más bien, es honesta, abierta y libre de mentiras y anonimato. El apóstol Juan, escribiéndole a una iglesia en las casas dice: "Pero, si vivimos en la luz, así como él está en la luz, tenemos comunión unos con otros, y la sangre de su Hijo Jesucristo nos limpia de todo pecado". (1 Juan 1:7). En las primeras reuniones de la iglesia en las casas, se le animaba a cada persona a compartir libremente, como dice Santiago: "Por eso, confiésense unos a otros sus pecados, y oren unos por otros, para que sean sanados. La oración del justo es poderosa y eficaz." (Santiago 5:16).

Las primeras iglesias en las casas se multiplicaron por todo el Imperio Romano, practicando tanto el evangelismo como la hospitalidad abierta. Nuevas personas se unieron a esta comunión debido a su ambiente familiar abierto, y las iglesias en las casas crecieron y se multiplicaron. A medida que Jesús transformó a las personas, éstas se comportaron de manera diferente, y amigos y vecinos se sintieron atraídos por esta nueva comunidad transformada. Sus estilos de vida cambiados se extendieron a la comunidad que los rodeaba y, al mismo tiempo, aumentó su compañerismo íntimo. La gente podía ver los cambios de cerca mientras la vida comunitaria se vivía en público. Los grupos en las casas eran relacionales, pero también eran muy efectivos en el alcance. Cuando Dios está obrando, ambas cosas suceden.

Jesús cultiva un profundo amor en nuestras vidas tanto por los demás como por aquellos que aún lo necesitan a Él. Puede que no me lleve bien con todos en el grupo pequeño, pero esto es una oportunidad para confiar en Dios para recibir de su amor sobrenatural. En tales circunstancias, necesito decir: "Señor, dame fuerzas para amar a esa persona. Ayúdame a pasar por alto el aspecto de su personalidad que me irrita ".

Celyce y yo hemos participado activamente en grupos pequeños durante muchos años, y todavía lo hacemos. Ambos nos percatamos que necesitamos rendirles cuentas a otros, necesitamos un lugar para compartir lo que sucede en nuestras propias vidas y de las oraciones del pueblo de Dios. Dios también quiere usarnos para interceder en la vida de otros. Estamos convencidos de que la participación en grupos pequeños no es un aspecto negociable de la vida cristiana.

La Reunión Más Grande

Tanto la reunión más grande como la reunión de grupos pequeños son muy importantes. Pablo predicó públicamente y de casa en casa (Hechos 20:20). En el libro de los Hechos, los creyentes a menudo se reunían en grupos grandes y pequeños (Hechos 2:42–46). De hecho, los grupos pequeños funcionan mejor cuando están conectados a una reunión más grande con supervisores específicos.

Leemos en Hechos 2:42 que los primeros creyentes en Jerusalén se dedicaron a la "enseñanza de los apóstoles". Las iglesias efectivas tienen cultos de celebración convencionales en los que todos los grupos pequeños se unen para escuchar enseñanzas específicas de la Biblia. En el culto de celebración, aquellos que están llamados a predicar y enseñar la Palabra de Dios pueden hacerlo. Muchos no entienden la increíble responsabilidad puesta en los pastores. Las Escrituras en Efesios 4:11–13, dicen que:

Él mismo constituyó a unos, apóstoles; a otros, profetas; a otros, evangelistas; y a otros, pastores y maestros, a fin de capacitar al pueblo de Dios para la obra de servicio, para edificar el cuerpo de Cristo. De este modo, todos llegaremos a la unidad de la fe y del conocimiento del

138 ❖ *Living in Victory*

Hijo de Dios, a una humanidad perfecta que se conforme a la plena estatura de Cristo.

Dios ha colocado ministros en su cuerpo para ayudar a los creyentes a crecer de modo que puedan participar en el ministerio de la iglesia. Parte de este ajuste es ayudar a los creyentes a mantenerse en el camino de Dios y no desviarse al territorio enemigo. Los pastores y maestros tienen un don sobrenatural para enseñar y aplicar la Palabra de Dios para ayudar a los creyentes a crecer en su fe. Ayudan a los creyentes a caminar en victoria señalando el plan bíblico de Dios para sus vidas. Guían al pueblo de Dios a través del camino recto y estrecho (Hechos 20:28). Ayudan a los creyentes a caminar en victoria enseñándoles y recordándoles las maravillosas promesas de Dios (Hechos 20:32).

La reunión más grande también es un momento para que los líderes proyecten visión y dirección con todos los presentes. Bajo la autoridad de Cristo, la iglesia se mueve para alcanzar un mundo necesitado y hacer discípulos de todas las personas (Mateo 28:18–20). Jesús no tiene un plan B, aunque muchos han tratado de justificar una forma de evitar la iglesia por completo. Evitar el plan de Dios para la iglesia local es una receta para el desastre y la derrota. La victoria, por otro lado, llega cuando los creyentes se mueven juntos en grupos pequeños y grandes a través de la iglesia local.

La Familia Espiritual

Para muchas personas provenientes de hogares y familias no cristianas, la iglesia estará aún más cerca que sus propias familias. El amor de Jesús trabajando a través de hermanos y hermanas produce un amor que solo se puede encontrar dentro de la iglesia de Cristo. La obra de Cristo a través de una comunidad de creyentes nos ayuda a renovar nuestra visión, nos mantiene en el camino correcto y agudiza nuestro caminar espiritual. También podemos compartir nuestras cargas y recibir ayuda a lo largo del camino (Gálatas 6:1–2).

La Biblia está llena de referencias acerca de que Dios es nuestro Padre, que otros cristianos son nuestros hermanos y hermanas, y que la iglesia es la familia de Dios. De hecho, creo que la imagen más clara y destacada de la iglesia es la familia de Dios.[48] Joseph Hellerman escribe en su libro *Cuando la iglesia era una familia*:

> En la era del Nuevo Testamento, una persona no era salva con el único propósito de disfrutar de una relación personal con Dios. De hecho, la frase "relación personal con Dios" no se encuentra en ninguna parte de la Biblia. Según el Nuevo Testamento, una persona es salva para tener comunidad. La salvación incluía tener una membresía en el grupo de Dios. Somos salvos "en un solo cuerpo" [. . .] cuando tenemos un nuevo Padre, también tenemos un nuevo grupo de hermanos y hermanas. En las Escrituras, la salvación es un evento que crea una comunidad.[49]

Si bien debemos enseñar que cada persona recibe la salvación de Cristo individualmente, no debemos promover la salvación alejada del crecimiento cristiano. Y esto se lleva a cabo en la familia de Dios, la iglesia de Cristo.

Mi propia iglesia se llama Nuevo Amanecer ubicada en Los Ángeles, California. Muchos provienen de diferentes países de América Latina. Ellos han dejado atrás sus culturas y familias de origen para vivir en los Estados Unidos. Muchos de ellos ven a la iglesia como su nueva familia. Abren con ansias sus hogares para reuniones de grupos pequeños y participan en las reuniones más grandes. La comida siempre es una delicia mientras experimentan la familia de Dios juntos.

Sin embargo, para muchas personas, cualquier referencia a la iglesia como familia se considera negativa. La alta tasa de divorcios, la proliferación de abusos dentro de los sistemas familiares y el ausentismo que define gran parte de la paternidad moderna sientan las bases para que muchas de nuestras iglesias resistan cualquier tipo de experiencia familiar. No quieren repetir una experiencia de abandono, incomprensión y dolor como en su pasado.

Creo que el mejor remedio para ayudar a los nuevos creyentes y miembros a experimentar la iglesia como familia es involucrarlos en un grupo pequeño lo antes posible.

La iglesia como familia también significa que damos la bienvenida a aquellos que están solos y aislados y que no tienen familia. La nueva familia que Jesús estableció no se basó en relaciones de sangre, sino en una nueva realidad espiritual. Jesús dio la bienvenida a todas las personas para unirse a esa nueva familia. Nosotros debemos hacer lo mismo. Una de las razones principales por las que la iglesia primitiva creció tan rápidamente fue porque dio la bienvenida a los recién llegados a la familia extendida, y luego continuó el proceso de multiplicación para asegurarse de que hubiera lugar para todos en la familia de Dios. La extensión de la iglesia en las casas fue el paso natural para alcanzar a más personas para Cristo.

Debemos animar a los miembros de la iglesia a que se comuniquen con las personas que necesitan desesperadamente comunión y un lugar al qué pertenecer. Esto se puede hacer a través de eventos especiales de alcance tanto en el grupo pequeño como en la reunión más grande de la iglesia.

Los líderes deben ser ejemplo de lo que les pide a los demás al participar en grupos pequeños y en el evangelismo relacional. Una forma práctica de hacerlo es pedirles a los líderes principales que sean ejemplo de la vida en familia, ya sea dirigiendo un grupo pequeño o participando en uno. Esto fortalecerá el énfasis familiar cuando la iglesia vea a los líderes practicando lo que están predicando.

Si no estás involucrado en una iglesia local, pídele a Dios que te muestre la iglesia adecuada para ti. Si ya estás en una, pídele a Dios que te ayude a servir a los demás. Vivir en victoria implica rendirle cuentas a los demás bajo el liderazgo ordenado por Dios a través de la iglesia local.

Puntos a Considerar

- ¿Cuál es el principio más importante que has aprendido de este capítulo? ¿Cómo lo aplicarás?

- ¿Cuál es tu nivel actual de involucramiento en una iglesia local?

- ¿Cómo ha usado Dios a la iglesia local en tu propia vida? ¿En la vida de tu familia?

- ¿Qué puedes hacer para priorizar a tu iglesia local?

Tómate el Tiempo para Descansar

Recuerdo la ubicación exacta en Quito, Ecuador, donde le dije a Dios: "Señor, tengo tanto que hacer por ti esta semana que no voy a tomar mi día libre programado". ¿Eso está bien? Esperaba que Dios estuviera impresionado con todo lo que tenía que hacer por Él como misionero y que me daría luz verde para evitar tomarme el día libre. Más bien, sentí una amonestación gentil y amorosa:

"Joel, estoy más preocupado por ti y tu descanso que de todo lo que puedes hacer por mí".

Ese día, Dios me estaba invitando a la disciplina del descanso. Dios me estaba pidiendo pasar tiempo con Él, renovar mi mente y mi cuerpo, y alejarme de la rutina diaria para amarlo y buscar su rostro.

Y algo muy interesante sucedió como resultado de esa experiencia. Comencé a darme cuenta de que a medida que me tomaba fielmente un día libre, hacía más y mejor trabajo el resto de la semana. Después de mi día libre, me sentía descansado y renovado para enfrentar los desafíos con mucho más vigor y efectividad. Cuando trataba de realizar siete días de trabajo, pasaba esos días con muy poca energía y lograba poco. Lejos de ser un obstáculo, descubrí que tomarme un día libre me ayudaba a vivir victoriosamente cada día de la semana.

Resistencia a Descansar

Con los años, he notado una resistencia a tomarse un día libre. La respuesta es así: "Oh, ¿un día libre? Ciertamente no. Estoy demasiado ocupado haciendo la obra de Dios. ¿Vacaciones? De ninguna manera, tengo mucho que hacer por el Señor". Cuando las personas dicen cosas como esta, asumen que otros estarán impresionados por su arduo trabajo y les darán palmaditas en la espalda por no ser perezosos u holgazanes. Y ciertamente, las personas que dicen tales cosas no entran en la categoría de perezosos.

Otros no se toman un día libre porque quieren ganar más dinero. Y sí, tenemos que pagar las facturas, y el alquilar y mantener a nuestras familias. Pero la mayoría no se detiene cuando se satisfacen esas necesidades. En su texto clásico, *El estadounidense extenuado (The Overworked American)*, Juliet Schor examina por qué, al incrementar la productividad, las personas trabajan cada vez más. ¿La respuesta? Deben pagar por su consumo igualmente aumentado, que ha llevado a cada vez menos horas dedicadas al placer y al ocio.[50] Trabajan más allá de la norma establecida porque quieren más.

Sin embargo, otros no se toman un día libre porque creen que son indispensables. Estuve en una iglesia donde la esposa del pastor se jactaba de que nunca se tomaba un día libre porque había muchas cosas que hacer. Ella era el motor de la iglesia, y noté un espíritu de lucha que irradiaba principalmente de sus acciones. Ella era muy elocuente pero también muy exigente e incluso dura.

Ella manifestaba una práctica poco saludable en su vida y acciones que afectaban negativamente a toda la iglesia. Otros sentían que nunca estaban haciendo lo suficiente y tenían que estar ocupados para ser aceptados. Sentí que se ejercía una presión para el rendimiento en esa iglesia y me di cuenta de que el que ella ejerciera esa presión estaba haciendo que la iglesia fuera poco saludable emocionalmente. Ella abrazó la idea de que a menos que trabajara incesantemente, la iglesia no tendría éxito.

Al contrario, el Dios que nos hizo nos pide que descansemos. La victoria en la vida cristiana fluye de una mente, alma y cuerpo descansados.

El Dios de Descanso

Dios ama el descanso y se deleita cuando su creación sigue sus principios eternos. A lo largo del Antiguo y Nuevo Testamento, descubrimos un Dios que quería e incluso ordenó a su pueblo que descansara. Él le dijo a su pueblo:

"Acuérdate del sábado, para consagrarlo. Trabaja seis días, y haz en ellos todo lo que tengas que hacer, pero el día séptimo será un día de reposo para honrar al Señor tu Dios. No hagas en ese día ningún trabajo, ni tampoco tu hijo, ni tu hija, ni tu esclavo, ni tu esclava, ni tus animales, ni tampoco los extranjeros que vivan en tus ciudades. Acuérdate de que en seis días hizo el Señor los cielos y la tierra, el mar y todo lo que hay en ellos, y que descansó el séptimo día. Por eso el Señor bendijo y consagró el día de reposo." (Éxodo 20:8–11).

Dios diseñó a su creación para trabajar y producir de manera efectiva seis días a la semana (Génesis 2:2). Repetidamente le dice a su pueblo que descanse por su propio bien. En lugar de restringirlos, Él sabe que no pueden vivir en victoria cuando están cansados y lentos. El descanso da nuevas fuerzas.

El descanso es un principio, más que un día en particular. Algunos grupos hoy se enfocan en un día específico y se vuelven dogmáticos al respecto. Critican a cualquier otra persona que no descanse en ese día. He visto letreros a lo largo de la carretera que dicen: "Obedece a Dios guardando el día de reposo". Para estas personas, el sábado es santo y aquellos que no guardan el Sabbat viven en desobediencia.

Sin embargo, el verdadero Sabbat se dio como una señal entre Israel y Jehová (Ezequiel 20:12). Desde la muerte y resurrección de Cristo, ahora estamos en una nueva era de gracia en la que Dios tiene una relación con todos los que invocan su nombre. Israel siempre será especial ante Dios, y Él tiene un llamado especial para ellos. Pero la iglesia de Cristo se extiende más allá de un pueblo o nación. Todos los que invocan a Jesús como Señor y Salvador forman parte de la iglesia de Cristo.

La iglesia primitiva se veía a sí misma como el nuevo pueblo de Dios. Eligieron el domingo para adorar en memoria de Jesucristo, quien resucitó el primer día de la semana (1 Corintios 16:2). El concepto del "Día del Señor" (Apocalipsis 1:10) aparece en todo el Nuevo Testamento, y se refiere al domingo. Los primeros creyentes celebraron su nuevo estatus, a diferencia de la celebración judía del sábado, adorando el domingo. Por ejemplo, en Hechos 20:7, leemos: "El primer día de la semana nos reunimos para partir el pan".

Y a pesar de que la iglesia primitiva celebraba el domingo, no se suponía que su práctica introdujera un nuevo conjunto de reglas. Más bien, era el día para enfocarse en el Señor: amar y adorar al que resucitó y para entrar en su presencia. Jesús mismo dijo que el día de reposo (el Sabbat) fue creado para el beneficio del pueblo de Dios y no al revés (Marcos 2:27).

Jesús a menudo hacía un llamado a las personas al principio más que a la estructura. Él trabajó en el Sabbat y los líderes religiosos lo juzgaron, pero les recordó que el Sabbat fue hecho para el hombre, no el hombre para el Sabbat. En otras palabras, el punto es el descanso del Sabbat, no el día en sí (Mateo 12:3–8). Dios creó el día de reposo para bendecir a las personas, no para imponerles un conjunto de reglas legalistas.

La película Carruajes de Fuego cuenta la historia de Eric Liddell y los juegos olímpicos. Liddell se negó a correr el domingo porque sentía que estaría violando el principio del Sabbat. Little creía que el domingo era el día de reposo específico de Dios. Él creía que al correr ese día habría violado la ley de Dios.

Respeto a Liddell por sus convicciones. Él no podía correr el domingo en buena conciencia. Pero no estoy de acuerdo. El principio del descanso reemplaza el día exacto. El domingo no es una señal entre Dios y la iglesia de la misma manera que el Sabbat fue entre Jehová y la nación de Israel. Sin embargo, el principio de descansar un día está firmemente arraigado en toda la Escritura.

El día no es lo importante. De hecho, muchas personas deben trabajar los domingos. ¿Y qué hay de los pastores? El domingo es su día más ocupado. Realmente dudo que un pastor verdaderamente pueda descansar el domingo. Cuando comprendemos que el descanso es el factor crítico, no el día, podemos entender las razones detrás de la necesidad de tomarse un día libre:

• Para adorar y obedecer a Dios

• Para recibir la sanidad del cuerpo y alma necesaria

• Para cambiar de ritmo y adquirir una mejor perspectiva de la vida

• Para pasar tiempo con la familia

Comprender el *porqué* nos motivará a tomarnos un día libre. Todos podrían creer que no tienen suficiente tiempo para tomarse un día libre. Todos estamos extremadamente ocupados. Pasar de la teoría y del idealismo a la práctica implica decir: "Dios, has puesto el principio del descanso en las Escrituras, y simplemente voy a obedecerte y tomarme un día libre".

El principio es que Dios sabe lo que necesitamos, y nos invita a alejarnos un día por semana para descansar y renovarnos. Es por nuestro propio bien. Habiendo descansado por completo, estaremos más tranquilos, enfocados y seremos más productivos. Viviremos en victoria.

Solo Detente

Nike es famoso por el eslogan *Solo hazlo (Just Do it)*. Para algunas personas, el eslogan *Solo Detente* se necesita con desesperación. Solo detente. Cesa el trabajo. Puede ser difícil, pero cuando sucede, la sanidad y victoria también suceden. Muchas personas no pueden dejar de trabajar. Solo quieren hacer un poco más. Pero Dios dice "para". Si sabes lo que es bueno para ti, "detente". Descansa. Aléjate del trabajo.

A la larga, los que descansan bien harán mucho más y la calidad de ese trabajo será mucho mejor. Cuando una persona marcha con el tanque vacío, puede lograr muy poco. Descansar un día por semana da energía a los creyentes espiritual, emocional y físicamente. Marva J. Dawn, autora de *Guardando el Sabbat por completo (Keeping the Sabbath Wholly)*, escribe:

> Dejar de trabajar durante el Sabbat significa dejar de trabajar en todo lo que sea trabajo. Cualquier actividad que es placentera y liberadora y que no se lleva a cabo con el propósito de obtener un logro califica como aceptable para el tiempo del Sabbat.[51]

Vivimos en un mundo 24/7, donde las personas trabajan constantemente, tienen un estímulo continuo y una interacción social interminable. Hubo un tiempo en que muchos países y culturas promovieron un día de descanso. Ahora el sábado y el domingo son todo menos tranquilos. Los deportes, las compras e incluso la actividad empresarial prosperan los fines de semana. El pastor A. J. Swoboda, escribe en *El Sabbat subversivo (Subersive Sabbath)*:

> Estados Unidos fue una vez una nación fundamentada en el Sabbat. Tilden Edwards recuerda haber caminado por la ciudad de Nueva York cuando era niño en un Sabbat, y la encontró completamente tranquila: todos estaban adorando juntos en la iglesia. Hasta hace relativamente poco, las personas no necesitaban ser tan intencionales para descansar como lo hacemos ahora. El Sabbat, en gran parte, fue legislado en los Estados Unidos.[52]

Debido a que la cultura ya no fomenta el descanso, las personas deben tener la convicción interna de que tomarse un día libre es valioso y esencial.

El descanso nos ayuda a humillarnos y a recordar que la vida es más que trabajo. Al descansar, decimos: "Dios, confío en ti a pesar de lo que creo que hay que hacer. Dejo lo que creo que debo hacer y confío en ti para lo que sabes que tengo que hacer." Descansar un día es ver más allá del trabajo duro y desarrollar una relación con

Dios. Un aspecto clave del descanso es la renovación y la fuerza que conduce a una mayor productividad y a dar más fruto.

Trabajé demasiado una primavera hasta el agotamiento. No guardé fielmente mi día libre, no cuidé mi cuerpo y con el tiempo contraje bronquitis. Tenía que dar una capacitación que no podía cancelar. Nunca olvidaré esa noche de insomnio jadeando y tosiendo, sabiendo que tenía que enseñar al día siguiente. Cuando miro hacia atrás a esos días agotadores, ahora me doy cuenta de que intenté realizar demasiado trabajo en un período de tiempo limitado y terminé desequilibrado. En mi deseo de cumplir ciertas metas, no guardé mi día libre establecido, por lo que mi tiempo en familia fue perjudicado y no pasé tiempo de calidad con el Señor.

La "escuela de los golpes duros", una gran cantidad de comentarios desafiantes de amigos, y pasar tiempo en las Escrituras me han cambiado. Hay una razón, después de todo, que el principio de reservar un día para descansar impregna las Escrituras. Aprendí que debía mantener ciertas prioridades en mi vida si quería tener victoria a largo plazo. Y uno de esos principios fue tomar un día completo de descanso. Simplemente necesitaba parar y priorizar el tiempo con mi Creador.

Un equipo pastoral vino una vez a mi casa para una consultoría ministerial. Pasamos el día hablando sobre su iglesia y los próximos pasos que debían dar para tener vitalidad en su iglesia y en sus grupos pequeños. Cerca del final de nuestro tiempo juntos, el pastor comenzó a contarme sobre su ministerio de consejería y cómo la gente lo necesitaba las 24 horas del día, los 7 días de la semana. Tenía que estar disponible todo el día, día y noche. Y, a menudo, esto iba más allá de su ministerio en la iglesia porque muchas de estas personas estaban fuera de su propia comunidad eclesiástica.

Le pregunté si estaba tomándose un día libre para alejarse y descansar. Esperaba que dijera que sí, pero más bien, volvió al tema y dijo: "No, no puedo. Estas personas me necesitan todo el tiempo. Tengo que estar disponible todo el tiempo".

Persistí, pero me di cuenta de que la discusión se estaba calentando por su insistencia de que necesitaba estar siempre disponible para estas personas. Cambié de tema, sabiendo que él tenía fuertes convicciones.

El equipo pastoral abandonó esa reunión y no supe nada de ellos durante varios años. Luego, el asociado que había acompañado al pastor ese día me dijo que el pastor había muerto un par de años después de esa reunión. ¿Estaba agotado? No estoy seguro. Solo sé que este joven pastor (quizás de cuarenta y cinco años en ese momento) había muerto antes de los dos años de mi conversación con él sobre el descanso.

Suelo escuchar: "Joel, me gusta lo que dices, pero no conoces mi horario. Simplemente no puedo hacer lo que me estás pidiendo ". Me doy cuenta de que cada situación es diferente. ¿Pero es necesario trabajar siete días a la semana? Pídele a Dios que te dé sabiduría sobre cómo apartar un día para descansar. Creo que Él lo hará. Sé creativo. Él te mostrará cómo planear un día de descanso.

Mejores Resultados

Peter Scazzero admite en su libro, *La iglesia emocionalmente saludable (The Emotionally Healthy Church)*, que su propia iglesia se había vuelto tóxica en su búsqueda de crecimiento y éxito. Se dio cuenta de que la iglesia estaba priorizando la producción sobre el descanso y los números sobre el discipulado. Sí, tuvieron un crecimiento en números, pero el pecado y la lucha acompañaron esos números y como resultado la iglesia sufrió.

Afortunadamente, Scazzero giró a la iglesia en una nueva dirección y comenzó a priorizar la vida saludable de los miembros. Entre otros principios espirituales, Scazzero requería que los líderes de la iglesia se tomaran un día de descanso. Modelaron la prioridad del descanso para el resto de la iglesia, y la iglesia como resultado se volvió mucho más sana y productiva.

Las personas deben darse cuenta de que tendrán mucho mejor salud y victoria si simplemente dedican un día por semana a recargar sus mentes y cuerpos. De hecho, sin descanso, vacilamos, tropezamos y perdemos eficacia. El descanso, por otro lado, trae una productividad renovada, una mente más aguda y una mejor actitud. Tomar un día libre es ventajoso para todos los involucrados.

Dios sabe que los humanos cansados e intranquilos causan estrés y angustia a los demás y, en última instancia, se logra mucho menos. Él nos invita a descansar no solo por nuestro propio bien sino también para ser más eficaces en nuestras vidas y ministerios. Algunos recapacitan de la manera difícil. J. Dana Trent fue una de ellos. Esta ministra ordenada comenzó a guardar el Sabbat después de visitar el consultorio del médico. El médico le dijo a Trent que necesitaba "reducir la velocidad" cuando descubrió que estaba trabajando en cuatro trabajos diferentes y que viajaba hasta dos horas por día. Fue diagnosticada con síndrome de migraña crónica. Como resultado de su propia experiencia, ella escribió el libro *Por amor al Sabbat: Abrazando tu necesidad de descanso, adoración y comunidad (For Sabbath's Sake: Embracing Your Need for Rest, Worship, and Community)*. En él, ella escribe: "Guardar el Sabbat significa confiar en que, si ella se toma un tiempo libre, el mundo no se saldrá de control. Es un acto de humildad que pone a Dios en el centro de su vida, no a sí misma".[53]

Dios nunca ha prometido implícitamente la fuerza para que el ser humano trabaje sin descansar al menos un día por semana. Pero la buena noticia es que nuestra energía puede ser restaurada, renovada y luego reutilizada, si estamos dispuestos a descansar y recargarnos.

Planificando el Descanso

Mucha gente tiene buenas intenciones, pero pésimas prioridades. En otras palabras, quieren y desean tomarse un día de reposo semanal, pero no están dispuestos a programarlo en sus calendarios. Viven bajo la mentalidad de que, si sucede, sucede, pero si no sucede, no lo harán. Y con esta mentalidad, por lo general no sucede. Marva J. Dawn escribe:

> La clave para experimentar el Sabbat en la riqueza de su diseño es reconocer la importancia de su ritmo. Qué día se usa para guardar el Sabbat no es tan importante como asegurarse que el día de reposo ocurra cada siete días sin falta.[54]

Observa la frase "ocurra cada siete días sin falta". Dawn destaca un ritmo importante que nuestros cuerpos anhelan.

A partir de los golpes duros del fracaso hasta priorizar este ritmo semanal, y el agotamiento resultante, me he dado cuenta de que necesito desesperadamente priorizar mi día libre. Necesito planificar cuándo tomaré un día libre y luego protegerlo intensamente contra cualquier intrusión.

Mi esposa y yo nos reunimos a principios de cada mes para marcar nuestros días libres en nuestros calendarios. Y a menudo no es fácil encontrar los días que funcionen para cada uno de nosotros. Debemos pensar en varias opciones debido a viajes u otros conflictos de horario. Lo discutimos una y otra vez hasta que ambos estemos de acuerdo.

A veces, hemos tenido que programar nuestros días libres por separado debido a capacitaciones, eventos familiares, compromisos de viaje u otras circunstancias. Preferiría tomarnos un día libre juntos, pero a veces esto es imposible, especialmente cuando viajo.

Y a veces el espacio entre nuestros días libres no es exactamente siete días. Es posible que tengamos que estirar una semana a ocho o nueve días antes de encontrar el día correcto. Pero si el mes tiene cinco semanas, programamos cinco días libres durante ese mes. O si es un mes de cuatro semanas, nuestro objetivo es tomar cuatro días libres durante ese mes.

El objetivo es crear un hábito, llegar a un punto en el que tu cuerpo sabe y puede esperar ese maravilloso día de reposo, como un caballo que regresa al abrevadero después de un largo viaje. Con el descanso no se juega. Tu cuerpo lo necesita e incluso lo anhela.

Guía para Tomarse un Día Libre

Animamos a una buena amiga nuestra a tomarse un día libre. Ella contestó diciendo: "Bueno, entonces, ¿cómo sería un día libre?" Mi esposa y yo le explicamos los principios clave para tomarse un día libre y, más específicamente, lo que hacemos en un día libre. Destacamos la necesidad de liberarse del legalismo y que el principio del descanso tenía más que ver con la renovación y evitar el estrés. El principio de libertad debe guiar el día libre. El día libre nunca debe ser controlado por una lista de lo que se debe y no se debe hacer. Creo que el día de reposo debe centrarse en el tema general de relajarse, pasar tiempo con la familia y amar a Dios. El legalismo pone a las personas una camisa de fuerza y sofoca la diversión y la creatividad. No hay una forma correcta de tomarse un día libre. De hecho, un día libre se trata de evitar la rutina: no hacer las cosas que se consideran "trabajo" los otros días de la semana.

Cada persona debe definir qué es el trabajo regular versus relajarse y recargarse. La idea es hacer cosas interesantes que no puedes o no haces durante la semana. Es alejarse de cualquier actividad relacionada con el estrés y recibir renovación. Por supuesto, no debemos descuidar las tareas domésticas pequeñas y necesarias, como lavar los platos, sacar la basura, etc.

El Descanso

Un día libre implica relajarse, lo que significa dormir mucho. Tengo el objetivo de dormir diecisiete horas entre la noche anterior a mi día libre y la noche de mi día libre. Es decir, me gusta promediar 8.5 horas entre esas dos noches. Hablaré más sobre el sueño diario en el próximo capítulo, pero el día libre es un momento ideal para descansar, y el sueño juega un papel clave. El salmista dijo: "En vano madrugan ustedes, y se acuestan muy tarde, para comer un pan de fatigas, porque Dios concede el sueño a sus amados" (Salmo 127:2). Sin embargo, más que dormir, un día libre es un momento de relajación. El objetivo es cero estrés. Personalmente, creo que el único criterio para un día excelente se puede encontrar en las siguientes dos preguntas:

- "¿Me relajé por completo?"
- "¿Pude evitar el 'trabajo normal' y disfrutar de Dios y de otros?"

Hablé con un pastor que diferenciaba entre un día libre y el Sabbat. Él creía que un Sabbat tenía que ser completamente espiritual, mientras que un día libre era más para descansar. Tal vez tenga razón, pero creo que estaba complicando demasiado las cosas. La mayoría de las personas no pueden comprometerse tanto con un "Sabbat" (día espiritual) como con un día de descanso y relajación (día libre). Yo solo veo ese día de la semana de 7 días en las Escrituras cuando Dios nos pide que dejemos de trabajar regularmente.

Por supuesto, el día libre ciertamente no es un momento para evitar las disciplinas espirituales. Sin embargo, es posible volverse demasiado rígido e incluso legalista en nuestro pensamiento de que el día libre debería estar completamente dedicado a la espiritualidad. Más bien, creo que deberíamos vivir y caminar espiritualmente con Dios todos los días de la semana. La realidad es que el mejor tipo de día libre es espiritual y tranquilo. Si bien debemos dejar de trabajar regularmente en un día libre, también debemos enfatizar la espiritualidad y el tiempo con Dios.

Personalmente, me gusta variar mi actividad devocional en mi día libre, enfocándome en hacer una actividad espiritual que normalmente no haría en mi devocional diario, como ver un video sobre la creación de Dios, leer una porción diferente de las Escrituras, caminar y orar, etc. Recientemente, vi la película *El caso de Cristo (The Case for Christ)* y luego me regocijé en lo que Jesús significa para mí. En los otros seis días, mi tiempo devocional es muy similar, así que, en mi día libre, me gusta romper un poco el molde.

Cada persona debe luchar para equilibrar la espiritualidad y la diversión. Pero la palabra *descanso* debería dirigir el día libre. El día libre es el momento de renovar energías y fuerza para la larga y ardua semana de trabajo.

El Placer

Le dijimos a nuestra amiga: "¿Qué te trae descanso y alegría?" Hazlo en tu día libre. "¿Qué es libre de estrés para ti?" Hazlo. Cada persona es diferente en cuanto a actividades placenteras. Algunos disfrutan de la jardinería, mientras que otros lo verían estresante. Algunos podrían trabajar en un proyecto con madera o de pintura artística. Algunos disfrutan hacer aviones a escala, ciclismo, etc. A mí me encanta ver documentales, escuchar audiolibros y leer libros no relacionados con el trabajo.

Más que nada, el día libre debería romper la rutina y los moldes. Creo que la frase en Levítico es significativa cuando se refiere al día libre. Dios le dijo a su pueblo escogido: "No hagas trabajo normal" (Levítico 23:24–25). Seis días están dedicados a trabajar y realizar quehaceres. Es necesario reorientar un día para no realizar un trabajo normal, nada que usualmente se incluye en la categoría de trabajo.

Mi esposa y yo tenemos un acuerdo de que no hablaremos sobre cosas que producen ansiedad entre nosotros en nuestros días libres. Ambos tenemos la prerrogativa de pedirle al otro que no mencione temas que generen estrés, como artículos relacionados con el trabajo, horarios, correos electrónicos y cosas que hacer en la casa.

Aprendí a no leer mis correos electrónicos ni a contestar el teléfono en mi día libre. Ambos pueden esperar. Demasiadas veces, por curiosidad, he echado un vistazo a un correo electrónico o respondido una llamada telefónica que produjo ansiedad y minó mi paz durante mi día libre. A veces, escribo una respuesta rápida diciendo: "Me estoy tomando mi día libre. . . te llamaré o escribiré mañana".

Es mejor advertir a ciertas personas el día antes de tu día libre. Algunos usan la respuesta automática en sus servidores de correo electrónico. Hago esto durante mis vacaciones, pero hasta este momento he pensado que la gente puede esperar un día por mi respuesta. Y ahora con WhatsApp, mensajes de texto, mensajes directos y llamadas, es difícil escribir un mensaje de "espera hasta mañana".

Las emergencias son algo completamente diferente. Nuevamente, se debe evitar el legalismo. Es posible que no guardes tu día de reposo a la perfección, pero recuerda, ahora no hay condenación para los que están en Cristo (Romanos 8:1). Solo acuérdate del principio del descanso. El día libre es para tu beneficio.

Por ejemplo, en mi día libre, recientemente miré dos asuntos en mi bandeja de correo electrónico que me crearon estrés y frustración. De repente me encontré preocupándome por el trabajo del día siguiente. Acertadamente, mi esposa recibió un mensaje de cambio de horario que me involucraba, pero fue muy amable al decirme que simplemente hablaríamos al respecto al día siguiente (aprendimos del fracaso y adquirimos la experiencia para hacer esto).

Las palabras de Cristo deben aplicarse a nuestro día libre: "Por lo tanto, no se angustien por el mañana, el cual tendrá sus propios afanes. Cada día tiene ya sus problemas" (Mateo 6:34). Si bien esto se aplica a todos los días de la semana, debería ser el lema del día libre. Un día debe estar completamente libre de estrés y debe estar relajado, tranquilo y lleno de descanso.

Tomarse un día libre no necesariamente sucederá de inmediato. Pero a medida que trabajes en ello, descansar un día se convertirá en un hábito. Primero, conviértelo en una convicción y, con el tiempo, también se convertirá en un hábito. El resultado es victoria.

La Familia

Cuando mi familia era joven, pasábamos el día libre buscando cosas interesantes para hacer en el sur de California. Consultábamos un libro de lugares para visitar al que nos referíamos como el "libro amarillo". La autora había ido personalmente a la mayoría de los lugares con su familia y luego escribió un libro sobre sus experiencias. Probamos la mayoría de las sugerencias de la autora.

Por la noche, veíamos juntos una de nuestras películas favoritas, pedíamos comida y simplemente pasábamos el rato. El descanso y la relajación eran el enfoque.

Hoy en día, nuestros hijos son mayores y están fuera de casa, por lo que nuestro día libre es diferente. A Celyce le gusta sentarse en el patio trasero y pasar un rato tranquilo, leer una novela y relajarse. A mí me encantan los documentales, los audiolibros y los libros que no sean de ficción y que no tengan nada que ver con mi ministerio. Solo quiero relajarme. Luego nos reunimos por la tarde para orar, caminar y ver algo juntos. A menudo salimos a comer o traemos algo a casa. Hemos leído un libro juntos o escuchado un audiolibro. Nuestro objetivo es disfrutar y descansar.

Descanso Prolongado: las Vacaciones

El principio del descanso comienza con un día libre, pero no debe detenerse allí. El descanso también debe incluir tiempo extendido de vacaciones.

En el Antiguo Testamento, a menudo vemos fiestas anuales en los que Dios proporcionó descanso y recreación prolongados (Levítico 23). El Dios que ama el descanso quería que su gente lo buscara a Él y que también no trabajara por períodos aún más largos. Durante siete días, no debían hacer ningún trabajo normal.

Nuestros cuerpos necesitan un descanso prolongado, y de eso se trata el tiempo de vacaciones. En varias ocasiones, escuché a la gente alardear de que trabajan todo el año y nunca toman vacaciones. Algunos incluso se han jactado de nunca haber tomado vacaciones en toda su vida. Este es un comentario triste y ciertamente nada impresionante. He estado creciendo en mi comprensión y compromiso con las vacaciones anuales.

Chuck Bentley, director ejecutivo del Ministerio Financiero Crown (Crown Financial Ministries), da varias razones importantes y de sentido común por las que las vacaciones largas son necesarias:

- El cerebro funciona mejor después de haber descansado.
- Cuando la mente y cuerpo se relajan, se mejora toda la salud.
- La creatividad, productividad y calidad de trabajo mejoran después de las vacaciones.
- Disminuyen los episodios de depresión.
- Mejora el sueño.
- Nuestras almas son restauradas.
- Recobramos mayor apreciación por la naturaleza y por diversas culturas.
- Se mejora el logro de metas.
- Las familias se fortalecen.
- Se renueva el sentido de equilibrio cuando el ritmo del trabajo y del descanso se reestablecen.
- Se previene el agotamiento.[55]

Will Maule señala: "Estudios recientes muestran que los trabajadores estadounidenses son mucho más productivos después de regresar de vacaciones, debido al hecho de que el aumento de las horas de sueño y la disminución de los niveles de estrés (resultados directos de las vacaciones) condujeron a una mayor productividad."[56]

Algunas personas toman un mes completo de descanso. Otros se toman dos semanas. Mucho depende de la política de las empresas, entre otras cosas. Nosotros hemos decidido tomar tres semanas libres por año. Somos autónomos y tenemos más libertad en esta área. Sin embargo, sería fácil trabajar cincuenta y dos semanas al año. Así que hemos decidido al menos tres semanas de descanso total.

Soy muy trabajador y podría caer fácilmente en la trampa de no tomarme vacaciones, pero he crecido en mi comprensión de la disciplina del descanso y de la necesidad de comprometerme a tomar mis vacaciones. Al igual que nuestra planificación para el día libre, mi esposa y yo planeamos nuestras tres semanas juntos y nos aseguramos de incluir ese tiempo en el calendario.

En el pasado, intentaba escabullir correos electrónicos y otros trabajos durante mis vacaciones cuando mi familia dormía o no se daba cuenta. Más adelante, estaba supervisando a otro pastor que terminó supervisándome a mí. Acababa de regresar de un momento encantador con su familia y, naturalmente, compartió que no hacía ningún trabajo en sus vacaciones. Escuché y tartamudeé algunas palabras de ánimo, pero me di cuenta de que Dios me estaba hablando acerca de dejar el trabajo y simplemente descansar.

En 2019, hablé sobre el descanso y las vacaciones en el oeste de Nueva York, Nueva Jersey, y el dueño de un negocio se me acercó después, agradeciéndome profusamente. Había llegado a la conclusión de que debería cancelar su tiempo de vacaciones anual para dar más tiempo a su negocio. Pero Dios le habló esa mañana. Concluyó que atender a su familia era el negocio más importante en la vida y que Dios bendeciría su negocio como resultado. Su esposa estaba emocionada por su decisión.

El Maratón

La vida cristiana es una maratón, no una carrera de cincuenta yardas. Dios nos ha llamado a vivir bien por un largo período de tiempo en esta tierra. Desde luego que llamará a algunos a casa antes que a otros, pero asegurémonos de que nuestra partida no sea prematura debido a la falta de descanso.

Recientemente, un amigo de unos cincuenta años tuvo un ataque al corazón. Esta persona trabajó día y noche e ignoró los llamados de su cuerpo a descansar. Era el primero en ofrecerse como voluntario en la iglesia, y a menudo lo escuché decir: "No puedo rechazar la obra del Señor".

Dios quiere que prioricemos el descanso. A medida que nos comprometemos a tomar un día libre por semana, así como a tomar vacaciones prolongadas, llevaremos más fruto y viviremos en mayor victoria. El Dios del descanso nos pide que hagamos esto, y él sabe lo que es mejor para nosotros.

Puntos a Considerar

- ¿Cuál es el principio más importante que has aprendido de este capítulo? ¿Cómo lo aplicarás?

- ¿Qué te impide tomarte un día de descanso cada semana?

- ¿Qué pasos debes tomar para priorizar un día de descanso? ¿Unas vacaciones?

- ¿Qué harás de diferente en tu día de descanso después de haber leído este capítulo?

Verdad Espiritual #9
Cuida de tu Cuerpo

Joan vino a orar después de la iglesia un domingo por la mañana, y nos compartió que no estaba experimentando la presencia de Dios en su vida. El pastor la invitó a tomar un café y escuchó su historia.

Pronto se hizo evidente que Joan trabajaba sesenta y cinco horas por semana, principalmente comía comida chatarra, no hacía ejercicio y dormía poco. Tuvo que abandonar la reunión para volver a la oficina. Ella quería una cura mágica, pero el pastor sabía que eso no iba a suceder. ¿Por qué? Porque ella no estaba lista para el cambio. Ella no estaba dispuesta a cuidar su cuerpo, a hacer suficiente ejercicio y dormir más.

Unos meses más tarde, se dio contra la pared, hablando figurativamente, y tuvo que ser hospitalizada por una depresión que se produjo a causa de puro agotamiento. El pastor se reunió con ella poco después y le habló sobre cuidar su cuerpo. Finalmente, ella estaba dispuesta a escucharlo.

Si bien la mayoría de las situaciones no son tan extremas como la de Joan, muchas personas hoy en día experimentan la vida de manera similar a Joan. Viven y trabajan, pero no se cuidan. También están experimentando poca victoria.

La buena noticia es que Joan comenzó a asumir la responsabilidad de su condición física. Ella aprendió por las malas que su salud física afecta directamente su vida mental, emocional y espiritual. Hoy, Joan es una persona diferente. Ella está experimentando más victoria y confianza en su vida cristiana.

El Mito del Cuerpo

Muchos creen que la forma en que tratan a sus cuerpos no tiene relación con su caminar con Dios. No hacen ejercicio regularmente ni comen alimentos saludables. Tampoco es una prioridad. La espiritualidad, sí lo es; la salud física, no. Sutilmente han colocado una pared entre las dos.

Se ofenden cuando los pastores y los líderes mencionan una vida saludable. Después de todo, ¿no es esto un asunto privado? ¿Por qué perder el tiempo hablando de salud física? "De todas maneras, el cuerpo pronto perecerá y nuestros espíritus permanecerán para siempre", dicen. Las personas están abiertas a escuchar sobre principios espirituales y eternos, pero no sobre el cuidado apropiado de sus cuerpos.

El gnosticismo, una filosofía importante durante los tiempos del Nuevo Testamento, enseñaba que el cuerpo era malo y que lo espiritual era bueno. Los gnósticos distinguían entre el reino físico, que era malo, y la esfera espiritual o iluminada, que solo podía ser entendida por una *gnosis* especial, que significa conocimiento secreto o espiritual. Y, por supuesto, solo los gnósticos podían proporcionar este conocimiento especial.

Aunque hoy no lo llamaríamos gnosticismo, la misma separación del cuerpo y el espíritu existe entre aquellos que solo se centran en el alma, mientras olvidan el cuerpo, una especie de gnosticismo cristiano. La realidad, sin embargo, es que Dios cuida nuestros cuerpos, y podemos experimentar mucha más victoria cuando nuestros cuerpos están sanos.

Dios Diseñó el Cuerpo

El libro de Génesis nos dice que Dios nos creó a su imagen (Génesis 1:27). Los seres humanos son las únicas criaturas que son espirituales, racionales, emocionales y pueden tomar decisiones claras, como poder servir al Creador o rechazarlo. Ireneo, un influyente padre de la iglesia primitiva, puso énfasis en el cuerpo como un aspecto esencial de la imagen de Dios, citando la encarnación de Jesucristo.[57]

Cuando Jesucristo vino a esta tierra para redimir a su creación, vino en un cuerpo humano, no en un espíritu incorpóreo, sino como un ser humano con un cuerpo físico. Juan dice: "El Verbo se hizo carne" (Juan 1:14). Después de su muerte y antes de ascender al cielo, los discípulos reconocieron sus cicatrices (Juan 20:27). E incluso en su estado exaltado hoy, el cuerpo de Cristo todavía es reconocible (Apocalipsis 21:3–4; 22:4). Él siempre será el Dios-Hombre que se sacrificó por nosotros.

El evangelio afirma que, como creyentes, nuestros cuerpos, no solo nuestras almas, están unidos al Cristo viviente. Somos extensiones físicas de Cristo en el mundo moderno. Pablo dice:

> ¿No saben que sus cuerpos son miembros de Cristo mismo? ¿Tomaré acaso los miembros de Cristo para unirlos con una prostituta? ¡Jamás! ¿No saben que el que se une a una prostituta se hace un solo cuerpo con ella? Pues la Escritura dice: "Los dos llegarán a ser un solo cuerpo". Pero el que se une al Señor se hace uno con él en espíritu. Huyan de la inmoralidad sexual. Todos los demás pecados que una persona comete quedan fuera de su cuerpo; pero el que comete inmoralidades sexuales peca contra su propio cuerpo. ¿Acaso no saben que su cuerpo es templo del Espíritu Santo, quien está en ustedes y al que han recibido de parte de Dios? Ustedes no son sus propios dueños; fueron comprados por un precio. Por tanto, honren con su cuerpo a Dios. (1 Corintios 6:15–20)

Estos versículos claramente enseñan que nuestros cuerpos son el templo de Dios. El contexto de 1 Corintios 6 es la prostitución y la necesidad de abstenerse de unir el cuerpo con el de una prostituta. ¿Por qué? Porque el cuerpo es el templo sagrado de Dios y esa actividad es degradante para el Dios que vive dentro. John Piper, conocido autor y orador, escribió sobre por qué evitó fumar cigarrillos mientras crecía:

La declaración de mi madre, "Hijo, tu cuerpo es el templo del Espíritu Santo, y provocarte cáncer de pulmón por ese tipo de placer no es tratar al Espíritu Santo correctamente". ¡Eso funcionó para mí! Todavía lo hace.[58]

La pregunta, "¿Qué haría Jesús?" se aplica a las decisiones sobre nuestros cuerpos. Mientras caminamos, llevamos consigo la Trinidad. Él vive dentro de nosotros. Las Escrituras nos dicen que Dios estaba en Cristo reconciliando el mundo consigo mismo (2 Corintios 5:19), y de manera muy similar, Dios camina en nosotros. Los cristianos debemos glorificar a Dios en nuestros cuerpos porque nuestros cuerpos son templos del Espíritu Santo. El cuidado apropiado de los cuerpos que Dios nos ha dado es importante para lograr una vida victoriosa.

La oración de Pablo por los Tesalonicenses incluyó el cuidado apropiado del cuerpo. Él escribe: "Que Dios mismo, el Dios de paz, los santifique por completo, y conserve todo su ser —espíritu, alma y cuerpo— irreprochable para la venida de nuestro Señor Jesucristo." (1 Tesalonicenses 5:23). Para Pablo, el cuerpo tenía un lugar importante en la vida santa y victoriosa.

Dominio Propio: El Fruto del Espíritu

Al escribir a los corintios, Pablo imitaba el eslogan común de ellos: "'Los alimentos son para el estómago y el estómago para los alimentos'; así es, y Dios los destruirá a ambos. Pero el cuerpo no es para la inmoralidad sexual, sino para el Señor, y el Señor para el cuerpo."(1 Corintios 6:13). Muchos en Corinto actuaron como si no importara lo que comieran o cuánto comieran. Observa la respuesta de Pablo: "'Todo me está permitido', pero no todo es para mi bien. 'Todo me está permitido', pero no dejaré que nada me domine." (1 Corintios 6:12). Pablo continúa con una exhortación sobre el dominio propio y la abstención de los apetitos corporales pecaminosos para honrar a Dios con el cuerpo.

En Gálatas 5:23, una manifestación del fruto del Espíritu Santo es el dominio propio (Gálatas 5:23). Los cristianos deben exhibir dominio propio en todas las áreas de la vida, incluida la alimentación y la actividad física. Muchos, sin embargo, hacen una excepción para el dominio propio en el área de la salud física. Jeremy Bell, pastor principal de la Iglesia Bautista Nueva Esperanza en Greenville, Carolina del Sur, escribe:

> ¿Cómo podemos exhortar a las personas a tener dominio propio en asuntos espirituales cuando nos paramos frente a ellos con sobrepeso, fuera de forma y sin dominio propio en asuntos físicos? Además, si eres un buen mayordomo de tu cuerpo, tu salud física te dará más energía y resistencia para . . . compartir de Cristo con tu prójimo.[59]

Dios nos ha llamado a ser buenos mayordomos de nuestros cuerpos. Como mayordomos. Tenemos la responsabilidad ante Dios y los demás de cuidar nuestros cuerpos.

Tengo un buen amigo que es jefe de enfermeros en un centro de atención de urgencias en Washington. Él ve pacientes todo el tiempo que ingresan a atención de urgencia debido al exceso de comida, bebida, alimentación poco saludable, etc. Me dijo que las personas a menudo piensan que sus cuerpos son propios y que pueden hacer lo que quieran con ellos. Pero ha visto de primera mano lo egoísta que es esto. ¿Por qué? Porque la salud de una persona afecta de inmediato a las personas más cercanas. Los esposos, las esposas, los hijos, los miembros de la familia y los amigos son quienes cuidan al paciente para que recupere la salud, lo visitan en el hospital y generalmente se sacrifican debido a las malas decisiones que han tomado sus seres queridos.

Debemos permitir que el Espíritu Santo nos llene y nos dé dominio propio para cuidar bien nuestros cuerpos. Necesitamos mantener dominio propio comiendo alimentos saludables, haciendo ejercicio y durmiendo lo suficiente. Debemos resistir cualquier cosa que nos controle, ya sean pecados sexuales, glotonería o cualquier otro mal hábito adictivo.

Maximizando la Salud de tu Cuerpo

Mi madre de noventa y cuatro años es muy sana. Duerme lo suficiente, come alimentos saludables y hace ejercicio regularmente. Su buena salud le permite visitar a vecinos y amigos. Dios continúa usándola, y una razón clave para su victoria es porque ella ha hecho un gran trabajo cuidando de sí misma.

Sin embargo, mi madre, como todos los demás, eventualmente fallecerá. Todos morirán, generalmente debido a una afección física, ya sea por cáncer, ataque cardíaco u otra enfermedad. Afortunadamente, Dios nos ha dado médicos y hospitales para diagnosticar problemas y ofrecer remedios. Deberíamos aprovecharlos. Sin embargo, es preferible evitar el hospital mediante una vida preventiva y saludable.

Muchas personas, como las que sobreviven a un ataque cardíaco, después hablan con entusiasmo de comer sano, dormir y hacer ejercicio adecuadamente. La retrospectiva es mucho más clara que la previsión. Mi amigo Jeff Tunnel sufrió un paro cardíaco completo y estuvo en coma durante cuatro días. Antes de su ataque al corazón, Jeff le daba poca importancia a la comida que comía. Pero después de su ataque al corazón, Jeff se convirtió en un hombre nuevo. Se volvió extremadamente diligente comiendo solo ciertos alimentos y evitando todo lo demás. Hoy, Jeff está mejor que nunca, sirve a Jesús con una nueva vitalidad y está comprometido a una alimentación saludable.

Cuando nuestros cuerpos están lentos, cansados y poco saludables, todo lo que hacemos por Cristo se ve obstaculizado. Por otro lado, los cuerpos sanos son más efectivos para cumplir el plan y el propósito de Dios. Cuando estamos sanos, tenemos más energía para hacer el trabajo de Dios. Necesitamos estar dispuestos a permitir que Dios nos cambie y nos dé la disciplina para tomar esas decisiones que energicen y revitalicen nuestros cuerpos.

Dormir lo Suficiente

A veces pensamos que hay una respuesta espiritual para todo, e ignoramos lo físico. Pero a menudo nuestro desánimo, irritación e impaciencia tienen más que ver con nuestra condición física o mental.

Elías enfrentó este dilema cuando huyó de Jezabel después de invocar fuego y matar a los 400 profetas de Baal. Había confiado en Dios para hacer cosas asombrosas y Dios le había respondido. Con la ayuda de Dios, él solo derrotó a 400 falsos profetas. Pero también se encontraba exhausto.

Luego recibió una amenaza de Jezabel, su enemiga, lo cual inclinó la balanza emocionalmente. Leemos: "Entonces Jezabel envió un mensajero a Elías para decirle: '¡Que los dioses me castiguen sin piedad si mañana a esta hora no te he quitado la vida como tú se la quitaste a ellos!'" (1 Reyes 19:2). ¿La respuesta de Elías? Leemos: "Elías se asustó y huyó para ponerse a salvo (1 Reyes 19:3).

¿Cómo podía este hombre de Dios tener tanto miedo de un líder? La respuesta es el agotamiento. Vemos la importancia de no estar demasiado exhausto en la forma en que Dios trató con Elías en su viaje a Horeb. Dios se aseguró de que Elías durmiera y comiera antes de llegar a su destino. Las Escrituras dicen:

> Luego se acostó debajo del arbusto y se quedó dormido.
> De repente, un ángel lo tocó y le dijo: "Levántate y come". Elías miró a su alrededor y vio a su cabecera un panecillo cocido sobre carbones calientes y un jarro de agua. Comió y bebió, y volvió a acostarse. El ángel del Señor regresó y, tocándolo, le dijo: "Levántate y come, porque te espera un largo viaje". Elías se levantó, y comió y bebió. Una vez fortalecido por aquella comida, viajó cuarenta días y cuarenta noches hasta que llegó a Horeb, el monte de Dios. (1 Reyes 19:5–8)

Cuando estamos exhaustos o con mala salud, se nos hace difícil lograr algo. Lo que podría parecer un dilema espiritual, realmente tiene raíces físicas. A menudo olvidamos que somos seres físicos, mentales y emocionales.

Hacemos todo mejor si dormimos lo suficiente. Los expertos dicen que una persona normal necesita unas siete horas de sueño por noche. Para algunos, eso podría ser muy poco.[60] Nuestros cuerpos simplemente funcionan mejor cuando descansamos. El sueño nos renueva y contribuye a nuestro vigor y vitalidad. El sueño repara el cuerpo y nos prepara para el día siguiente.

He aprendido esta verdad a las malas. En muchas ocasiones, mi falta de sueño ha causado una mayor irritación, más decisiones erradas y desánimo. En una semana de octubre de 2019, me estaba preparando para supervisar a pastores y líderes, pero no había dormido bien durante la semana. Y esto también fue después de semanas de viajes ocupados. Había agendado mis días por completo con supervisión de líderes sin el sueño nocturno adecuado.

En una de las llamadas que hice, me sentí oprimido, pesado y desanimado. Apenas podía hablar con el líder que estaba supervisando. Me puse a pensar: "Señor, ¿qué pasó? ¿Satanás me estaba atacando? ¿Había perdido la alegría de supervisar líderes? Pasé tiempo adorando y suplicando por la gracia de Dios. Y sí, esto ayudó, pero no resolvió el problema. Finalicé el resto de mis llamadas de supervisión y me fui a la cama, esperando que durante mi devocional matutino, Dios me mostrara lo que había salido mal.

La respuesta llegó fuerte y clara: simplemente estaba agotado, demasiado cansado. La oscuridad que acompañó la llamada telefónica del día anterior fue el resultado del agotamiento. Aunque había estado tomando mis días libres, no pude dormir lo suficiente todos los días. Simplemente no tenía suficiente fuerza física para seguir. Mi cuerpo me estaba resistiendo. Dormir más fue mi respuesta.

Antes de tomar el resto de las llamadas de supervisión, dormí un poco y me aseguré de recibir un descanso adicional, lo que me hizo sentir fuerte y seguro en mi supervisión. Tenía nueva energía, vida, dirección y alegría.

La salud corporal afecta todo lo que decimos y hacemos. Si estamos agotados, se notará. Si nos sentimos enfermos, lograremos poco. Un cuerpo arrastrado por la falta de sueño, la alimentación poco saludable y la falta de ejercicio no funciona muy bien e incluso podría hacernos manifestar ira, impaciencia y depresión.

Comer Bien

En 2018, hablé en veinticuatro conferencias en diferentes países y contextos. Practiqué el credo misionero de comer todo en mi plato. Pero también sufrí por ello. Tenía sobrepeso, mi colesterol estaba elevado y tuve que ir a la sala de emergencias tres veces debido a un problema en el conducto lagrimal, que eventualmente requirió cirugía. Con frecuencia me sentía cansado. Mientras trataba de dar a los demás, a menudo sentía que necesitaba que alguien también me diera a mí.

A finales de año, estaba enfermo, hinchado y fuera de forma.[61] Me dirigí a mi esposa durante un viaje en avión desde Washington a Los Ángeles en diciembre de 2018 y le dije: "Ayúdame". Le mostré una foto que había tomado en una conferencia metodista en Brasil unos meses antes, que mostraba mi cintura abultándose bajo la camiseta de la conferencia. "Necesito ayuda", supliqué.

En enero de 2019, hice algunos cambios clave. Decidí seguir una dieta vegetal estricta. Perdí veinte libras y he mantenido esas libras fuera. Ahora solo como tres comidas al día, evito los bocadillos y me concentro en comer ciertos alimentos (por ejemplo, verduras, ensaladas, frutas, frijoles, etc.).[62]

Mientras escribo, puedo decir con confianza que, en el último año y medio, he tenido mucha más energía y he logrado más para Jesús y para otros. Cuando me relaciono con mi familia, cuando superviso pastores, hablo en una conferencia, escribo libros o ministro en mi iglesia local, siento un vigor y vitalidad renovados. Tengo mucha más victoria ahora que antes. Gran parte de la monotonía ha desaparecido, y soy capaz de entregarme más plenamente a Dios y su trabajo. He descubierto de nuevo que la salud es fundamental para todo lo que hago.

Muchos libros excelentes sobre alimentación saludable han aparecido en los últimos diez años. *Comer para vivir (Eat to Live)* de Joel Fuhrman es uno de mis favoritos.[63] *El estudio de China (The China Study)* de T. Colin Campbell y *No te mueras (Do Not Die)* de Michael Greger también son excelentes. También recomiendo los libros del Dr. McDougal y su boletín y artículos gratuitos. John A. McDougall es un médico y autor estadounidense que fundó Right Foods Inc.

Estos libros, y muchos como ellos, ven la pérdida de peso como un subproducto de una alimentación saludable, no como el enfoque principal. Hacer dieta, de hecho, rara vez funciona. Los estudios han demostrado que el peso perdido a través de las dietas regresa de inmediato. Al mismo tiempo, algunos alimentos no solo nutren el cuerpo, sino que ayudan a una persona a perder peso (por ejemplo, frutas, verduras, ensaladas, etc.). La variedad de alimentos envasados, hechos por el hombre, por otro lado, son principalmente dañinos y agregan un exceso de peso.

Muchos usan el *Ayuno de Daniel* como un enfoque a corto plazo en vegetales y agua por lo general durante tres semanas para acercarse a Dios, así como para limpiar el cuerpo de toxinas. El ayuno se basa en la dieta de Daniel en el capítulo 1, donde las Escrituras registran que comió vegetales durante diez días. Sin embargo, hay un plan de alimentación inspirado en el ayuno de Daniel que está diseñado para fomentar un cambio más duradero. El pastor Rick Warren creó el *Plan de Daniel* después de darse cuenta de que él y su congregación necesitaban perder peso.

La realidad es que la mayoría de lo escrito sobre el tema de la alimentación saludable dice lo mismo: evite los lácteos, los alimentos procesados y las carnes. Concéntrese en ensaladas, verduras, legumbres y frutas.

La comida que comemos tiene un gran impacto en cómo funcionamos. Puede marcar la diferencia entre vivir en victoria o no. Los nutrientes en los alimentos permiten que las células de nuestro cuerpo funcionen correctamente. Los nutrientes de los alimentos son esenciales para el crecimiento, desarrollo y mantenimiento de las funciones de nuestro cuerpo. Muchos estudios durante un largo período de tiempo han confirmado que los tipos de alimentos que comemos hacen una gran diferencia en cómo funcionan nuestros cuerpos. Comer sano afina nuestros cuerpos y nos da fuerza y vitalidad para servir mejor a Dios.

El Ejercicio

Pablo le dijo a Timoteo: "Pues aunque el ejercicio físico trae algún provecho, la piedad es útil para todo, ya que incluye una promesa no solo para la vida presente, sino también para la venidera." (1 Timoteo 4:8). Pablo nos dice que el ejercicio tiene valor y que la piedad también debe considerarse de alto valor para los cristianos que desean ser fieles seguidores.

Hacer ejercicio regularmente es esencial para una salud óptima. Dios ha hecho al cuerpo para ejercitarse y moverse. El término teleadicto describe a una persona que pasa poco o nada de tiempo haciendo ejercicio y mucho tiempo mirando televisión. Las personas sedentarias se sientan en el trabajo, se sientan en su automóvil y luego se sientan mientras miran televisión. Esta combinación de sentarse y no hacer ejercicio aumenta el riesgo de morir en un 37 por ciento, según un estudio de 123,216 personas que fueron evaluadas durante un período de catorce años.[64]

Cualquier ejercicio es mejor que ninguno. Por supuesto, el mejor tipo de ejercicio es aquel lo suficientemente intenso como para que la sangre bombee para fortalecer el corazón, lo que incluye caminar, correr, trotar, bailar, nadar y casi cualquier cosa que mantenga al cuerpo en movimiento. Paige Waehner, una entrenadora personal, escribe:

Si odias los entrenamientos en el gimnasio, no te fuerces a usar una banda sin fin. Camina, trota o anda en bicicleta al aire libre para disfrutar del paisaje. Si te gusta socializar, considera los deportes, el ejercicio en grupo, hacer ejercicio con un amigo o en un club de caminatas. Elije algo que puedas verte haciendo al menos tres días a la semana. Para cumplir con las recomendaciones de ejercicio, debes hacer cardio tres días por semana. Haz que sea más fácil estar motivado eligiendo una actividad que te resulte conveniente hacer a menudo, al menos hasta que hayas adquirido el hábito.[65]

Correr fue mi ejercicio preferido durante la mayor parte de mi vida. Corría consistentemente por varios kilómetros en la mañana. Incluso entrené y completé una media maratón. Luego desarrollé una "hernia de corredor" (hernia inguinal) en 2011. El médico que me operó me sugirió que cambiara correr por caminar. Seguí su consejo.

Desde 2011, mi objetivo es caminar 14,000 pasos por día, y por lo general estoy cerca de lograrlo. Cuando hago ejercicio, mi mente está más en sintonía y puedo lograr mucho más para Su gloria. Todo lo contrario ocurre cuando me siento por largos períodos sin caminar.

Sin embargo, la mayoría de las personas no necesitan promediar 14,000 pasos por día. Un estudio de Harvard de casi 17,000 mujeres concluyó que aquellas que caminaron 7,500 pasos o más tenían la tasa de mortalidad más baja. Incluso las mujeres que caminaron 4,400 pasos tuvieron una tasa de mortalidad más baja que las que fueron menos activas y caminaron solo unos 2,000 pasos.[66]

Algunas personas encuentran entrenadores para guiarlos en el proceso de ejercicio. Elogio este tipo de compromiso y a todos aquellos que hacen ejercicio regularmente y con seriedad. La clave es levantarse del sofá y hacer que el cuerpo se mueva.

Mientras estemos en esta tierra y en un cuerpo físico, Dios desea que lo mantengamos lo más saludable posible. Podemos vivir mucho más victoriosamente cuando nuestros cuerpos están alertas, vigorosos y respondiendo a la dirección del Espíritu Santo.

Mide Cómo te Está Yendo

"Si quieres algo que cuente en tu vida, ayuda encontrar una manera de contarlo".[67] Esta cita de sentido común se aplica a los deportes, los negocios o las metas de vida personales. También se aplica a la buena salud. Ha sido muy útil para medir mi sueño, ejercicio y alimentación cada semana. Me va mejor al momento de cumplir mis objetivos si los estoy midiendo. Cada día, escribo la cantidad de pasos que he tomado, las horas que he dormido y si comí alimentos saludables (si deseas ver cómo mido mi propio progreso, consulta el Apéndice).

El progreso medible en el logro y mantenimiento de objetivos personales con respecto a la alimentación, el ejercicio y el sueño es esencial. Es poco probable que una persona logre y mantenga la cantidad requerida de sueño, ejercicio y una dieta adecuada para un estilo de vida saludable sin alguna forma medible de responsabilidad para que pueda ver su progreso y hacer ajustes. Todas las medidas deben hacerse bajo gracia, no legalismo, con la comprensión de que un estilo de vida saludable es beneficioso para la vida victoriosa. Solo la cruz de Jesús nos hace íntegros, no el comer sano, hacer ejercicio adecuado o dormir lo suficiente. Su gracia debe cubrir todos nuestros esfuerzos, o terminaremos volviéndonos farisaicos y criticones

No es tu Propio Cuerpo

Todas las personas son creadas a imagen de Dios y son valiosas para el Creador. Los creyentes en Cristo han sido redimidos por la sangre de Jesucristo, y nuestras vidas le pertenecen. Por esta razón, debemos honrar a Dios en todos los aspectos de nuestras vidas, y esto incluye cuidar nuestros cuerpos.

Los aspectos espirituales y emocionales de la vida son esenciales, pero el aspecto físico es crítico y a menudo se pasa por alto en la búsqueda de un estilo de vida victorioso. El ejercicio regular, el sueño y una dieta saludable optimizan la salud y nos ayudan a vivir una vida más fructífera. El descanso es esencial para la vida victoriosa, también lo es la nutrición adecuada, el ejercicio y dormir lo suficiente.

Y la buena noticia es que pronto seremos cambiados y se nos darán nuevos cuerpos celestiales. Pablo nos da una idea de esto cuando dice: "Fíjense bien en el misterio que les voy a revelar: No todos moriremos, pero todos seremos transformados, en un instante, en un abrir y cerrar de ojos, al toque final de la trompeta. Pues sonará la trompeta y los muertos resucitarán con un cuerpo incorruptible, y nosotros seremos transformados. Porque lo corruptible tiene que revestirse de lo incorruptible, y lo mortal, de inmortalidad. Cuando lo corruptible se revista de lo incorruptible, y lo mortal, de inmortalidad, entonces se cumplirá lo que está escrito: 'La muerte ha sido devorada por la victoria'" (1 Corintios 15:51–54).

Puntos a Considerar

- ¿Cuál es el principio más importante que has aprendido de este capítulo? ¿Cómo lo aplicarás?

- En una escala del 1–10, ¿cómo calificarías tus hábitos alimenticios? ¿de ejercicio? ¿de sueño?

- Entre dormir, alimentarte saludablemente y ejercitarte, ¿en cuál de estos debes mejorar?

- ¿Qué puedes hacer para mejorar en cada una de estas áreas?

Ya Ganamos

Los críticos de cine sabiamente incluyen alertas de spoilers si van a revelar el final de la película. Hay una línea muy delgada entre escribir suficiente contenido para criticar adecuadamente una película sin decirle a la gente cómo termina la película. Alerta de spoiler: nosotros ganamos. La victoria es nuestra. Uno de los últimos versículos de la Biblia dice: "Después vi un cielo nuevo y una tierra nueva, porque el primer cielo y la primera tierra habían dejado de existir, lo mismo que el mar". (Apocalipsis 21:1). Jesús ya está allí, esperando para darnos la bienvenida a la eternidad. Se nos adelantó para prepararnos un lugar (Juan 14). Nos ha prometido cuerpos incorruptibles, perfectamente diseñados para su reino celestial (1 Corintios 15). Satanás, el pecado y la enfermedad ya no existirán (Apocalipsis 20:11–15).

Es como ver la repetición instantánea de un evento deportivo en el que sabes quién va a ganar el juego. En varias ocasiones, sin querer me he enterado quién es el ganador del juego antes de ver la repetición. Si sé que mi equipo va a ganar, no me preocupa el resultado cuando veo el partido. Pase lo que pase durante la repetición, sé que mi equipo lo logrará al final.

Si realmente creemos que la victoria nos espera, no tenemos que preocuparnos cuando surgen problemas y la situación parece desesperante.

El equipo de Cristo saldrá victorioso. Sabemos cómo termina el juego. Los que nacen de nuevo pueden estar seguros de que Dios obrará todo para bien y que Él será el juez final. Pablo a menudo ayudó a los creyentes a mantener la mirada en el juego final y no quedar atrapados en sus problemas actuales. Él dijo a los corintios: "De hecho, sabemos que, si esta tienda de campaña en que vivimos se deshace, tenemos de Dios un edificio, una casa eterna en el cielo, no construida por manos humanas". (2 Corintios 5:1). Les recordó a los primeros creyentes corintios que no se preocuparan por las circunstancias en la tierra diciendo: "Así que no nos fijamos en lo visible, sino en lo invisible, ya que lo que se ve es pasajero, mientras que lo que no se ve es eterno". (2 Corintios 4:18).

Mantén la mirada en el galardón. Vuelve a leer el libro de Apocalipsis. Nosotros ganamos.

En 1975, canté como tenor como parte de los Cantantes Shekinah, un gran coro dirigido por Kelly y Lilli Green. Nuestra pieza principal era el coro del *Aleluya* de Händel.

Y reinará por siempre y siempre
¡Aleluya! ¡Aleluya!

Ese día está a la vuelta de la esquina. El reino de este mundo pronto se convertirá en el reino de nuestro Señor. ¡Aleluya!

Podemos ahora regocijarnos por la victoria de la resurrección de Cristo. Su vida, muerte y resurrección nos han asegurado la vida eterna y la dicha por la eternidad.

El aguijón de la muerte pronto será sorbido a la vida. Pablo dice: "¿Dónde está, oh muerte, tu victoria? ¿Dónde está, oh muerte, tu aguijón?" (1 Corintios 15:55). Aunque conocemos el final y reinaremos victoriosamente con Cristo, necesitamos aprender a vivir victoriosamente en esta vida.

A medida que apliques las verdades de este libro, te mantendrás fuerte durante el viaje mientras avanzas hacia la victoria final.

Podemos confiar que Dios nos ama y que Él tiene el control de toda circunstancia. Nada se escapa de su cuidado. La vida tiene un propósito. Y su gracia cubre nuestros pecados y defectos. La cruz es nuestra victoria. E incluso las buenas obras son el resultado de su obra de gracia. En lugar de sentir la culpa constante de "debería haber hecho", debemos decir: "Señor, ayúdame a conocer tu amor por mí a través de Jesucristo y dame la gracia para vivir cada día".

Pasar tiempo en su presencia nos ayuda a reflexionar sobre su gracia soberana. Recordamos lo que Él ha hecho por nosotros y quiénes somos en Cristo. Ya no pretendemos ser alguien que no estamos destinados a ser. Durante nuestro tiempo a solas cada día, Él nos ayuda a reenfocarnos en Dios y en su plan perfecto para nuestras vidas.

El verdadero éxito es hacer que los más cercanos a nosotros nos amen y nos respeten más. Ellos son los que nos hacen ver nuestras fallas y nos dicen dónde necesitamos Su trabajo más profundo de santidad. Dios ha formado a su iglesia para ayudarnos en el proceso. Jesús, la cabeza de la iglesia, ha creado su iglesia aquí en la tierra para edificar creyentes. Es una iglesia sencilla, que existe gracias al liderazgo dado por Dios y una estructura bilateral, tanto de grupos grandes como de pequeños.

Llevaremos más fruto si descansamos bien. Todo trabajo que da fruto proviene del descanso profundo. Descuidamos un día semanal de descanso y vacaciones regulares bajo nuestro propio riesgo. Cuando andamos sin energía, la gente lo nota. Sienten el estrés y la presión humana. Hasta que obtengamos nuestros nuevos cuerpos, todavía estamos atados a esta tierra en carne y sangre humana. ¡Y el Espíritu Santo vive en nosotros! Haz que se sienta cómodo comiendo bien, durmiendo mucho y haciendo suficiente ejercicio.

La buena noticia es que Dios nos ha dado todos los recursos que necesitamos para vivir victoriosamente. Nos ha dado su Espíritu Santo para vivir, la cruz de Cristo para limpiarnos y un Padre celestial amoroso que se preocupa por nosotros. Podemos declarar con el apóstol Pablo: "¡Pero gracias a Dios, que nos da la victoria por medio de nuestro Señor Jesucristo!" (1 Corintios 15:57). La victoria es nuestra tanto en esta vida como en la próxima.

¡Aleluya! Y reinará por los siglos de los siglos. Y reinaremos con Él. ¡Aleluya!

Apéndice

——◆◇◆——

Cumplo mejor mis objetivos si los estoy midiendo. Cada día, escribo la cantidad de pasos que he tomado, las horas que he dormido y si comí alimentos saludables. Luego los promedio en mi día libre. Ésta es una semana al azar de mis mediciones:

Día	Pasos	Sueño	Alimentación
Jueves	14,734	7	10
Viernes	16,239	5.75	10
Sábado	14,672	7.75	9
Domingo	14,464	6.25	10
Lunes	13,372	6.25	9
Martes	12,270	7.25	9
Miércoles		9.5	10
Promedio de la semana	14,291	7.1	9.6

La segunda columna, *pasos*, muestra cuántos pasos caminé cada día durante toda la semana. Luego divido el total de pasos diarios registrados por el número de días para los cuales se registraron los pasos para obtener los pasos promedio por día para esa semana. Es posible que hayas notado el espacio en blanco el miércoles. No mido mis pasos en mi día libre porque solo quiero relajarme y no preocuparme por cuánto camino ese día. Sin embargo, el sueño y la ingesta de alimentos son importantes para mí en mi día libre, así que los mido.

La tercera columna es la cantidad de sueño por cada día. Si dormí 6 horas y 45 minutos en una noche en particular, divido los

45 por 60 minutos, lo que equivale a 6.75 horas en total. Con el tiempo dormido registrado en horas usando este formato de números decimales, puedo obtener fácilmente un promedio preciso de las horas diarias dormidas durante toda la semana. Mi objetivo es obtener un promedio diario de 7 horas de sueño.

La cuarta columna registra en una escala del 1 al 10 qué tan bien estoy cumpliendo mi plan de alimentación, que es una medida más subjetiva. Me califico según lo bien que me adherí a mi plan de alimentación autoimpuesta. Aunque esto es subjetivo, descubrí que funciona bien responsabilizarme de ello.

Notas Finales

1. Como se cita en https://en.wikipedia.org/wiki/Charles_Studd

2. Ibíd.

3. Randy Alcorn, *El Cielo (Heaven)* (Carol Stream, Illinois: editoriales Tyndale House, 2009), ubicación en Kindle 285–290.

4. John Chrysostom, como se cita en https://biblehub.com/commentaries/chrysostom/2_corinthians/5.htm.

5. John Blanchard, *¿Cree Dios en los ateos? (Does God Believe in Atheists?)* (Evangelical Press, 2000), edición para Kindle, ubicación 3100.

6. Ibíd., ubicación 3100.

7. Dietrich Bonhoeffer, "Teología alemana y resistencia" ("German theologian and resister"), *Cristianismo hoy (Christianity Today)* (enero de 2020), https://www.christianitytoday.com/history/people/martyrs/dietrich-bonhoeffer.html.

8. Timothy Keller, *¿Por Qué Necesitamos de Dios? (The Reason for God)* (New York: Dutton, 2008), 214–15.

9. Jerry Bridges, *Gracia Transformadora (Transforming Grace)* (The Navigators, edición para Kindle), 93–94.

10. Donald B. Strobe, Colección, www.Sermons.com http://www.sermons.com/ Accesado en https://thedisciplers.com/illustrations-about-the-love-of-god/ el miércoles, 22 de diciembre de 2021.

11. Larry Crabb, *Consejería Bíblica Efectiva (Effective Biblical Counseling)* (Grand Rapids, MI: Zondervan, 2013), ubicación 1343, edición para Kindle).

12. Jerry Bridges, *Gracia Transformadora (Transforming Grace)* (The Navigators, edición para Kindle), 97–98.

13. https://www.webtruth.org/christian-history/john-newton-1725-1807.

14. Al Rogers, "Sublime Gracia: la historia de John Newton" (segunda publicación de un artículo de 1996), http://www.reformedreader.org/rbb/newton/amazinggrace.htm.

15. https://www.webtruth.org/christian-history/john-newton-1725-1807.

16. https://www.webtruth.org/christian-history/john-newton-1725-1807.

17. Jerry Bridges, *Gracia transformadora (Transforming Grace)*, The Navigators, edición para Kindle, 41.

18. C. H. Spurgeon, *Las obras completes de C. H. Spurgeon (The Complete Works of C. H. Spurgeon)* (Fort Collins, Colorado: editorial Delmarva, 2013), Volumen 60: Sermones 3387–3439.

19. John Stott, *La Cruz de Cristo (The Cross of Christ)* (Downers Grove, Illinois: imprenta InterVarsity, 1986), 38.

20. Video de la PBS (Public Broadcasting Service) sobre Martín Lutero, https://www.pbs.org/empires/martinluther/char_parents.html.

21. Video de la PBS (Public Broadcasting Service) sobre Martín Lutero, https://www.pbs.org/empires/martinluther/char_parents.html.

22. Como se cita en *La Cruz de Cristo* de John Stott (Downers Grove, Illinois: imprenta InterVarsity, 1986), 200.

23. Steve McVey, *Grace Walk* (Eugene, Oregon: editoriales Harvest House, 2005), 82.

24. Ibíd., 83.

25. Chuck Smith, *Por qué la gracia lo cambia todo (Why Grace Changes Everything)* (Eugene, Oregon: editoriales Harvest House, 1994), 114.

26. Sitio web *Hechos y Fe (Facts & Faith)*, "Joni Eareckson Tada – Accidente de buceo la deja cuadripléjica a los 17," http://factsandfaith.com/joni -eareckson-tada-diving-accident-renders-her-quadriplegic-at-17-says-she -wouldnt-change-a-thing/.

27. Jerry Bridges, *¿Está Dios verdaderamente en control? Confiando en Dios en un mundo de dolor (Is God Really in Control? Trusting God in a World of Hurt)* (Ubicación en Kindle 259–261), edición para Kindle, (NavPress, 2006).

28. *Cristianismo Hoy (Christianity Today*, "Laura Story habla sobre las dificultades de la vida y por qué ella se siente bendecida," https://www.christian today.com/article/laura.story.on.lifes.difficulties.and.why.she.still.feels.blessed/ 27814.htm.

29. Jerry Bridges, *¿Está Dios verdaderamente en control? Confiando en Dios en un mundo de dolor* (Ubicación en Kindle 235–236). Edición para Kindle, (NavPress, 2006).

30. John Calvin, *La Institución de la Religión Cristiana (Institutes of the Christian Religion)* (Grand Rapids, MI: Imprenta Eerdmans, 1983), 194.

31. John Calvin, *La Institución de la Religión Cristiana,* citado en *Instituto de historia cristiana (Christian History Institute)*, introducción por Stephen Tomkins, editado para sitio web por Dan Graves, https://christianhistoryinsti tute.org/study/module/calvin-on-gods-sovereignty.

32. Mark R. Talbot, *Sufrimiento y la soberanía de Dios (Suffering and the Sovereignty of God)*, capítulo 2 "'Toda la bondad que es nuestra en Cristo': Viendo la mano misericordiosa de Dios en las ofensas que otros nos hacen," editores John Piper y Justin Taylor (Wheaton, Illinois: Libros Crossway, 2006), 77.

33. J Packer. I., *Conociendo a Dios (Knowing God)* (Downer Grove, Illinois: Imprenta InterVarsity, 1973), 34.

34. Como se cita en *Misterios de la Vid (Secrets of the Vine)* de Bruce Wilkinson (Sisters, OR: Multnomah, 2001), 106.

35. Henry T. Blackaby, Richard Blackaby y Claude V. King, *Experimentando a Dios (Experiencing God)* (Nashville: Broadman & Holman, 1994), 2.

36. Henry T. Blackaby, Richard Blackaby y Claude V. King, Experimentando a Dios *(Experiencing God)* (Nashville: Broadman & Holman, 1994), 80.

37. LeRoy Eims, *Lo que todo cristiano debería saber sobre el crecimiento (What Every Christian Should Know about Growing)* (Wheaton: Victor, 1984), 26.

38. Richard Foster, *Conmemoración de la disciplina (Celebration of Discipline)* (Nueva York: Harper & Row, 1978), 31.

39. Como se cita en *Manual de Devociones Personales (Manual on Personal Devotions)* de Osvaldo Cruzado. Distribuido por el Distrito Español de la C&MA en la zona del gran Nueva York.

40. Ibíd.

41. Bruce Wilkinson, *Misterios de la vid* (Sisters, OR: Multnomah, 2001), 101.

42. Frank C. Laubach, *Channels of Spiritual Power* (Los Angeles: Fleming H. Revell, 1954), 95.

43. Paul Cedar, *Una vida de oración (A Life of Prayer)* (Nashville: Word, 1998), 191.

44. *El diccionario American Heritage® de la lengua inglesa,* 3ra ed. copyright ©1992 por la Houghton Mifflin Company. Versión electrónica licenciada de la corporación INSO; reproducción y distribución adicional restringida de acuerdo a la Ley de Propiedad Intelectual de los Estados Unidos. Todos los derechos reservados.

45. George Müller, *La autobiografía de George Müller (The Autobiography of George Müller),* Diana L. Matisko, ed., (Springdale, PA.: Whitaker House, 1984), 140.

46. Como se cita en https://www.awakenthegreatnesswithin.com/35-inspirational-quotes-on-journaling.

47. Como se cita en *Oración de batalla (Warfare Prayer)* de Peter Wagner (Ventura, CA: Regal, 1992), 86.

48. Peter Wagner, *Escudo de oración (Prayer Shield)* (Ventura, CA: Regal, 1992), 86.

49. Mark Galli, ¿Ya acabó el debate sobre el matrimonio homosexual?" ("Is the Gay Marriage Debate Over?") *Cristianismo hoy (Christianity Today),* https://www.christianitytoday.com/ct/2009/july/34.30.html, (julio de 2009), 33.

50. John Maxwell, artículo de blog "Una nueva definición del éxito" ("A New Definition of Success"), https://www.johnmaxwell.com/blog/a-new-definition-of-success.

51. Ibíd.

52. Como se cita en *La iglesia conectora (The Connecting Church)* de Randy Frazee (Grand Rapids: Zondervan, 2001), 13.

53. Mike Mason, *Practicando la presencia de personas (Practicing the Presence of People)* (Colorado Springs: imprenta Waterbrook, 1999), 106.

54. Michael Farris, *Lo que una hija necesita de su padre (What a Daughter Needs from Her Dad)* (Minneapolis: Bethany House, 2004), 26.

55. Tod E. Bolsinger, *Se necesita una iglesia para criar a un cristiano (It Takes a Church to Raise a Christian)* (Grand Rapids, MI: imprenta Brazos, 2004), 71.

56. La iglesia, a diferencia de una reunión social normal, está bajo las órdenes de Jesucristo, quien es la cabeza de la iglesia y su Señor (Efesios 1:22–23). La iglesia es guiada por un liderazgo dado por Dios. Jesús llama a hombres y mujeres específicos para guiar a su iglesia y cuidarla (Efesios 4:1–4). El escritor de Hebreos nos dice que debemos someternos al liderazgo ordenado por Dios porque él vigila nuestras almas y debe rendir cuentas (Hebreos 13:17). La iglesia participa en los sacramentos, que son la cena del Señor (Mateo 26:26–28) y el bautismo (Mateo 28:18–19). El bautismo en agua es la iniciación o confesión pública en la iglesia de Cristo y la Cena del Señor es la conmemoración de la muerte y resurrección de Cristo (1 Corintios 11:23–26). Dios nos pide que recordemos lo que Jesús ya hizo por nosotros en la cruz. La clave aquí es que Él quiere que hagamos esto juntos regularmente.

57. Michael J. Wilkins, *Siguiendo al Maestro (Following the Master)* (Grand Rapids, MI: Zondervan, 1992), 279.

58. Como se cita en artículo de blog "Por qué los cristianos no van a la iglesia (y por qué deben hacerlo)" ("Why Christians Don't Go to Church (and Why They Must)"), de Joe Carter, https://www.thegospelcoalition.org/article/americans-christians-dont-go-church-must.

59. https://www.azquotes.com/quote/697892

60. Robert Banks, *La concepción de Pablo sobre la Comunión (Paul's Idea of Community)* (Peabody, MA: Hendrickson Publications, 1994), 49.

61. Joseph Hellerman, *Cuando la Iglesia solía ser una familia (When the Church Was a Family)* (Nashville, TN: B&H Academic, 2009), 124.

62. Juliet B. Schor, *El estadounidense extenuado: el declive inesperado del ocio (The Overworked American: The Unexpected Decline of Leisure)* (Nueva York: Basic Books, 1991) como se cita en *Sabbat subversivo: el sorprendente poder del reposo en un mundo que no para (Subversive Sabbath: The Surprising Power of Rest in a Nonstop World)* de A. J. Swoboda (Grand Rapids, Baker Book House), edición para Kindle, ubicación 597.

63. Marva J. Dawn, *Guardando el Sabbat por completo (Keeping the Sabbath Wholly)* (Grand Rapids, Michigan: editoriales Wm. B. Eerdmans, 1989), 5.

64. A. J., Swoboda: *Sabbat subversivo: el sorprendente poder del reposo en un mundo que no para* (Grand Rapids, Baker Book House), edición para Kindle, ubicación 2021.

65. Como se cita en "La ciencia del Sabbat: cómo las personas están redescubriendo el reposo y cobrando sus beneficios" "The science of Sabbath: How people are rediscovering rest—and claiming its benefits," de Emily Mcfarlan Miller, Servicio de noticias religiosas (Religion News Service), https://religionnews.com/transmission/the-science-of-sabbath-how-people-are-rediscovering-rest-and-claiming-its-benefits (requiere suscripción).

66. Marva J. Dawn, *Guardando el Sabbat por completo,* (Grand Rapids, Michigan: editoriales Wm. B. Eerdmans, 1989), 7.

67. Chuck Bentley, "What Does the Bible Say About Taking Vacations?" (Publicación cristiana (Christian Post), 15 de septiembre de 2007), https://www.christianpost.com/news/ask-chuck-what-does-the-bible-say-about-taking-vacations.html.

68. Will Maule, "5 razones por las que es bíblico tomarse unas vacaciones" ("5 Reasons It Is Biblical To Take A Vacation,") https://hellochristian.com/3308-5-reasons-it-is-biblical-to-take-a-vacation.

69. Ireneo, *En contra de las herejías (Against Heresies),* https://earlychurchtexts.com/public/image_and_likeness.htm.

70. John Piper, artículo de blog "¿Cuánto quiere Dios que cuide mi cuerpo físico?" ("How Much Does God Want Me to Care for My Physical Body?"), https://www.desiringgod.org/interviews/how-much-does-god-want-me-to-care-for-my-physical-body.

71. Jeremy Bell, artículo de blog "Cristiano, cuida de tu cuerpo" ("Christian, Take Care of Your Body"), http://intersectproject.org/faith-and-culture/christian-take-care-body.

72. Jenna Fletcher, *Noticias médicas hoy (MedicalNewsToday),* revisado por Deborah Weatherspoon, PhD, RN, CRNA el 31 de mayo de 2019, https://www.medicalnewstoday.com/articles/325353.php#greater-athletic-performance. La Fundación Nacional del Sueño sugiere que los adultos necesitan entre siete y nueve horas por noche y los atletas pueden beneficiarse de hasta diez horas. El cuerpo se sana durante el sueño. Otros beneficios incluyen una mejor intensidad de rendimiento, más energía, mejor coordinación, mayor velocidad y mejor funcionamiento mental.

73. Los hábitos alimenticios poco saludables han contribuido a la epidemia de obesidad en los Estados Unidos, donde aproximadamente un tercio de los adultos estadounidenses (33.8 por ciento) son obesos y aproximadamente el 17 por ciento (o 12.5 millones) de niños y adolescentes de 2 a 19 años son

obesos (Departamento de Salud y Servicios Humanos de EE. UU.), https://www.hhs.gov/fitness/eat-healthy/importance-of-good-nutrition/index.html.

74. Desde el 2006, había seguido en gran parte el "Plan Vida" de Joel Fuhrman de su libro *Come para vivir (Eat to Live)* (https://www.amazon.com/Eat-Live-Amazing-Nutrient-Rich-Sustained-ebook/dp/B0047Y175M/).

Pero también me había tomado muchas más libertades alimenticias de las necesarias. Me faltaba la disciplina para volver a su plan general después de una conferencia. Perder peso, según Fuhrman, era el subproducto de una alimentación saludable. Fuhrman señala muchos estudios científicos para apoyar el énfasis en los alimentos de origen vegetal. Fuhrman está en contra de las dietas y considera que una alimentación saludable es la mejor manera de evitar enfermedades, y como resultado perder peso. El plan de vida de Fuhrman incluye algo de carne y lácteos, pero hace hincapié en las frutas, ensaladas, verduras y legumbres. También tiene un plan de seis semanas para aquellos que comienzan, el cual seguí durante seis semanas en 2006. Desde entonces, en general, intenté mantener su "Plan vida" con cierto éxito. En enero de 2019, decidí seguir el plan de seis semanas y continuar indefinidamente. Mantenerme fiel al plan de seis semanas de Fuhrman fue difícil debido a mi horario de viaje, pero decidí intentarlo. Tenía que explicar a las iglesias anfitrionas que solo iba a comer ciertos alimentos, como frutas, verduras, ensaladas, legumbres, nueces y otros alimentos de origen vegetal. Al explicar mi nueva dieta a estas iglesias, normalmente solo mencioné mi colesterol alto sin entrar en mucho más detalle. Como resultado de este plan, perdí veinticinco libras y mantuve esas libras fuera por un año. He sentido mucha más energía en todo lo que hago. Por ejemplo, en el campamento familiar anual al que iba mi esposa, en agosto de 2019, jugué varias rondas de baloncesto sin agotarme, algo que no pude hacer en 2018 en la misma cancha y con muchas de las mismas personas.

75. He leído y releído *Comer para vivir* a lo largo de mucho tiempo. Sin embargo, hago una advertencia sobre el libro de Fuhrman, y es su actitud crítica. A menudo usa un lenguaje duro y crítico para describir las dietas y los alimentos que no recomienda. En repetidas ocasiones describe alimentos normales, como productos lácteos, como causantes de cáncer. Comencé a leer Fuhrman en 2006 y finalmente tuve que dejar de leer el libro porque me encontré criticando a mis hijos porque estaban comiendo una dieta norteamericana normal. A menudo los hacía sentir culpables y tenía que arrepentirme de mi actitud crítica. He aprendido a dar marcha atrás y dar a las personas la libertad de tomar sus propias decisiones sobre la alimentación.

76. El estudio analizó las respuestas de 123,216 personas sin antecedentes de enfermedad previa. Estos participantes fueron seguidos durante catorce años, desde 1993 hasta 2006. El estudio concluyó: "Después de realizar

ajustes por una serie de factores de riesgo [. . .] las mujeres que pasaban seis horas al día sentadas tenían un riesgo 37 por ciento mayor de morir en comparación con aquellas que pasaban menos de tres horas al día sentadas. Para los hombres, el mayor riesgo fue del 17 por ciento. (Ver "Cuanto más tiempo te sientas, más corta es tu vida: un estudio" ("The Longer You Sit, the Shorter Your Life Span: Study,") de Amanda Gardner, 22 de julio de 2010, https:// consumer.healthday.com/cancer-information-5/mis-cancer-news-102/the -longer-you-sit-the-shorter-your-life-span-study-641401.html).

77. Paige Waehner, "Todo lo que necesitas sobre el cardio" ("Everything You Need to Know About Cardio,") revisado por precisión médica por Tara Laferrara, CPT (31 de octubre de 2019), https://www.verywellfit.com/every thing-you-need-to-know-about-cardio-1229553.

78. Joshua Bote, "¿En verdad debes caminar 10,000 pasos diarios?" ("Do you really need to walk 10,000 steps a day?") https://www.usatoday.com/ story/news/nation/2020/01/04/walking-10-000-steps-day-good-fitness-goal -heres-better-one/2784372001. De acuerdo con este artículo, es muy bueno si una persona puede caminar 10,000 pasos al día, y este es un gran consejo para las personas más jóvenes o aquellas que tienen más experiencia con un régimen de ejercicios. Pero para las personas mayores y los que están menos en forma, 10,000 pasos por día pueden ser desmoralizantes. Para aquellos que están inactivos, establecer un estándar demasiado alto puede disuadirlos de hacer ejercicio por completo.

79. Como se cita en artículo de blog de *HuffPost*, "Si quieres alcanzar una meta, mide tu progreso." ("If You Want to Achieve a Goal, Measure Your Progress"), (3 de diciembre de 2010, actualizado el 17 de noviembre de 2011), https://www.huffpost.com/entry/balanced-life-if-you-want_b_786270.

Recursos

por
Joel Comiskey

You can find all of Joel Comiskey's books at
Joel Comiskey Group
Phone: 1-888-511-9995
Website: www.joelcomiskeygroup.com

Joel Comiskey's previous books cover the following topics

- Leading a cell group (*How to Lead a Great Cell Group Meeting*, 2001, 2009; *Children in Cell Ministry*, 2015; *Youth in Cell Ministry*, 2016; *Groups that Thrive*, 2018; *Facilitate*, 2019).

- How to multiply the cell group (*Home Cell Group Explosion*, 1998).

- How to prepare spiritually for cell ministry (*An Appointment with the King*, 2002, 2011).

- How to practically organize your cell system (*Reap the Harvest*, 1999; *Cell Church Explosion*, 2004).

- How to train future cell leaders (*Leadership Explosion*, 2001; *Live*, 2007; *Encounter*, 2007; *Grow*, 2007; *Share*, 2007; *Lead*, 2007; *Coach*, 2008; *Discover*, 2008).

- How to coach/care for cell leaders (*How to be a Great Cell Group Coach*, 2003; *Groups of Twelve*, 2000; *From Twelve to Three*, 2002).

- How the gifts of the Spirit work within the cell group (*The Spirit-filled Small Group*, 2005, 2009; *Discover*, 2008).
- How to fine tune your cell system (*Making Cell Groups Work Navigation Guide*, 2003).
- Principles from the second largest church in the world (*Passion and Persistence*, 2004).
- How cell church works in North America (*The Church that Multiplies*, 2007, 2009).
- How to plant a church (*Planting Churches that Reproduce*, 2009)
- How to be a relational disciple (*Relational Disciple*, 2010).
- How to distinguish truth from myths *(Myths and Truths of the Cell Church*, 2011).
- What the Biblical foundations for cell church are *(Biblical Foundations for the Cell-Based Church*, 2012, *Making Disciples in the Cell-Based Church*, 2013, 2000 Years of Small Groups, 2015).

All of the books listed are available from Joel Comiskey Group

www.joelcomiskeygroup.com

Como dirigir un grupo celular con éxito:
para que las personas quieran regresar

¿Anhela la gente regresar a vuestras reuniones de grupo cada semana? ¿Os divertís y experimentáis gozo durante vuestras reuniones? ¿Participan todos en la discusión y el ministerio? Tú puedes dirigir una buena reunión de célula, una que transforma vidas y es dinámica. La mayoría no se da cuenta que pu- ede crear un ambiente lleno del Señor porque no sabe cómo. Aquí se comparte el secreto. Esta guía te mostrará cómo:

* Prepararte espiritualmente para escuchar a Dios durante la reunión
* Estructurar la reunión para que fluya
* Animar a las personas en el grupo a participar y compartir abiertamente sus vidas
* Compartir tu vida con otros del grupo
* Crear preguntas estimulantes
* Escuchar eficazmente para descubrir lo que pasa en la vida de otros
* Animar y edificar a los demás miembros del grupo
* Abrir el grupo para recibir a los no-cristianos
* Tomar en cuenta los detalles que crean un ambiente acogedor.

Al poner en práctica estas ideas, probabas a través del tiempo, vuestras reuniones de grupo llegarán a ser lo más importante de la semana para los miembros. Van a regresar a casa queriendo más y van a regresar cada semana trayendo a personas nuevas con ellos. 140 páginas.

La explosión de los grupos celulares en los hogares: *Cómo su grupo pequeño puede crecer y multiplicarse*

Este libro cristaliza las conclusiones del autor en unas 18 áreas de investigación, basadas en un cuestionario meticuloso que dio a líderes de iglesias celulares en ocho países alrededor del mundo— lugares que él personalmente visitó para la investigación. Las notas detalladas al fin del libro ofrecen al estudiante del crecimiento de la iglesia celular una rica mina a seguir explorando. Lo atractivo de este libro es que no sólo resume los resultados de su encuesta en una forma muy convincente sino que sigue analizando, en capítulos separados, muchos de los resultados de una manera práctica. Se espera que un líder de célula en una iglesia, una persona haciendo sus prácticas o un miembro de célula, al completar la lectura de este libro fácil de leer, ponga sus prioridades/valores muy claros y listos para seguirlos. Si eres pastor o líder de un grupo pequeño, ¡deberías devorar este libro! Te animará y te dará pasos prácticos y sencillos para guiar un grupo pequeño en su vida y crecimiento dinámicos. 175 páginas.

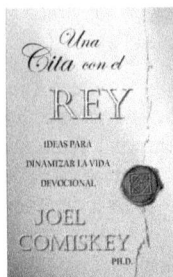

Una cita con el Rey: *Ideas para arrancar tu vida devocional*

Con agendas llenas y largas listas de cosas por hacer, muchas veces la gente pone en espera la meta más importante de la vida: construir una relación íntima con Dios. Muchas veces los creyentes quieren seguir esta meta pero no saben como hacerlo. Se sienten frustrados o culpables cuando sus esfuerzos para tener un tiempo devocional personal parecen vacíos y sin fruto. Con un estilo amable y una manera de escribir que da ánimo, Joel Comiskey guía a los lectores sobre cómo tener una cita diaria con el Rey y convertirlo en un tiempo emocionante que tienes ganas de cumplir. Primero, con instrucciones paso-a-paso de cómo pasar tiempo con Dios e ideas prácticas para experimentarlo con más plenitud, este libro contesta la pregunta, "¿Dónde debo comenzar?". Segundo, destaca los beneficios de pasar tiempo con Dios, incluyendo el gozo, la victoria sobre el pecado y la dirección espiritual. El libro ayudará a los cristianos a hacer la conexión con los recursos de Dios en forma diaria para que, aún en medio de muchos quehaceres, puedan caminar con él en intimidad y abundancia. 175 páginas.

Recoged la cosecha: *Como el sistema de grupos pequeños puede hacer crecer su iglesia*

¿Habéis tratado de tener grupos pequeños y habéis encontrado una barrera? ¿Os habéis preguntado por qué vuestros grupos no producen el fruto prometido? ¿Estáis tratando de hacer que vuestros grupos pequeños sean más efectivos? El Dr. Joel Comiskey, pastor y especialista de iglesias celulares, estudió las iglesias celulares más exitosas del mundo para determinar por qué crecen. La clave: han adoptado principios específicos. En cambio, iglesias que no adoptan estos principios tienen problemas con sus grupos y por eso no crecen. Iglesias celulares tienen éxito no porque tengan grupos pequeños sino porque los apoyan. En este libro descubriréis cómo trabajan estos sistemas. 246 páginas.

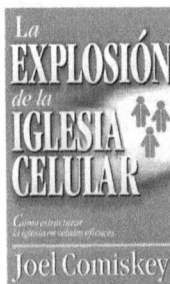

La Explosión de la Iglesia Celular: *Cómo Estructurar la Iglesia en Células Eficaces (Editorial Clie, 2004)*

Este libro se encuentra sólo en español y contiene la investigación de Joel Comiskey de ocho de las iglesias celulares más grandes del mundo, cinco de las cuales están en Latinoamérica. Detalla cómo hacer la transición de una iglesia tradicional a la estructura de una iglesia celular y muchas otras perspicacias, incluyendo cómo mantener la historia de una iglesia celular, cómo organizar vuestra iglesia para que sea una iglesia de oración, los principios más importantes de la iglesia celular, y cómo levantar un ejército de líderes celulares. 236 páginas.

Grupos de doce: *Una manera nueva de movilizar a los líderes y multiplicar los grupos en tu iglesia*

Este libro aclara la confusión del modelo de Grupos de 12. Joel estudió a profundidad la iglesia Misión Carismática Internacional de Bogotá, Colombia y otras iglesias G12 para extraer los principios sencillos que G12 tiene para ofrecer a vuestras iglesias. Este libro también contrasta el modelo G12 con el clásico 5x5 y muestra lo que podéis hacer con este nuevo modelo de ministerio. A través de la investigación en el terreno, el estudio de casos internacionales y la experiencia práctica, Joel Comiskey traza los principios del G12 que vuestra iglesia puede ocupar hoy. 182 páginas.

De doce a tres: *Cómo aplicar los principios G12 a tu iglesia*

El concepto de Grupos de 12 comenzó en Bogotá, Colombia, pero ahora se ha extendido por todo el mundo. Joel Comiskey ha pasado años investigando la estructura G12 y los principios que la sostienen. Este libro se enfoca en la aplicación de los principios en vez de la adopción del modelo entero. Traza los principios y provee una aplicación modificada que Joel llama G12.3. Esta propuesta presenta un modelo que se puede adaptar a diferentes contextos de la iglesia.

La sección final ilustra como implementar el G12.3 en diferentes tipos de iglesias, incluyendo plantaciones de iglesias, iglesias pequeñas, iglesias grandes e iglesias que ya tienen células. 178 paginas.

Explosión de liderazgo: *Multiplicando líderes de células para recoger la cosecha*

Algunos han dicho que grupos celulares son semilleros de líderes. Sin embargo, a veces, aún los mejores grupos celulares tienen escasez de líderes. Esta escasez impide el crecimiento y no se recoge mucho de la cosecha. Joel Comiskey ha descubierto por qué algunas iglesias son mejores que otras en levantar nuevos líderes celulares. Estas iglesias hacen más que orar y esperar nuevos líderes. Tienen una estrategia intencional, un plan para equipar rápidamente a cuantos nuevos líderes les sea posible. En este libro descubriréis los principios basados de estos modelos para que podáis aplicarlos. 202 páginas.

Cómo ser un excelente asesor de grupos celulares: *Perspicacia práctica para apoyar y dar mentoría a lideres de grupos celulares*

La investigación ha comprobado que el factor que más contribuye al éxito de una célula es la calidad de mentoría que se provee a los líderes de grupos celulares. Muchos sirven como entrenadores, pero no entienden plenamente qué deben hacer en este trabajo. Joel Comiskey ha identificado siete hábitos de los grandes mentores de grupos celulares. Éstos incluyen: Animando al líder del grupo celular, Cuidando de los aspectos múltiples de la vida del líder, Desarrollando el líder de célula en varios aspectos del liderazgo, Discerniendo estrategias con el líder celular para crear un plan, Desafiando el líder celular a crecer. En la sección uno, se traza las perspicacias prácticas de cómo desarrollar estos siete hábitos. La sección dos detalla cómo pulir las destrezas del mentor con instrucciones para diagnosticar los problemas de un grupo celular. Este libro te preparará para ser un buen mentor de grupos celulares, uno que asesora, apoya y guía a líderes de grupos celulares hacia un gran ministerio. 139 páginas.

Cinco libros de capacitación

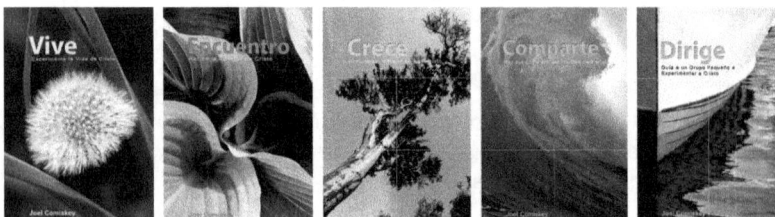

Los cinco libros de capacitación son diseñados a entrenar a un creyente desde su conversión hasta poder liderar su propia célula. Cada uno de estos cinco libros contiene ocho lecciones. Cada lección tiene actividades interactivas que ayuda al creyente reflexionar sobre la lección de una manera personal y práctica.

Vive comienza el entrenamiento con las doctrinas básicas de la fe, incluyendo el baptismo y la santa cena.

Encuentro guíe un creyente a recibir libertad de hábitos pecaminosos. Puede usar este libro uno por un o en un grupo.

Crece explica cómo tener diariamente un tiempo devocional, para conocer a Cristo más íntimamente y crecer en madurez.

Comparte ofrece una visión práctica para ayudar a un creyente comunicar el evangelio con los que no son cristianos. Este libro tiene dos capítulos sobre evangelización a través de la celula.

Dirige prepare a un cristiano a facilitar una célula efectiva. Este libro será bueno para los que forman parte de un equipo de liderazgo en una célula.

El Discípulo Relacional: Como Dios Usa La Comunidad para Formar a los Discípulos de Jesús

Jesús vivió con sus discípulos por tres años enseñándoles lecciones de vida en grupo. Luego de tres años les mandó que "fueran e hicieran lo mismo" (Mateo 28:18–20). Jesús discipuló a sus seguidores por medio de relaciones interpersonales—y espera que nosotros hagamos lo mismo. A lo largo de las Escrituras encontramos abundantes exhortaciones a servirnos unos a otros. Este libro le mostrará cómo hacerlo. La vida de aislamiento de la cultura occidental de hoy crea un deseo por vivir en comunidad y el mundo entero anhela ver discípulos relacionales en acción. Este libro alentará a los seguidores de Cristo a permitir que Dios use las relaciones naturales de la vida: familia, amigos, compañeros de trabajo, células, iglesia y misiones para moldearlos como discípulos relaciones.

El Grupo Celular Lleno del Espíritu: Haz Que Tu Grupo Experimente Los Dones Espirituales

El centro de atención de muchos grupos celulares hoy en día ha pasado de ser una transformación dirigida por el Espíritu a ser simplemente un estudio bíblico. Pero utilizar los dones espirituales de todos los miembros del grupo es vital para la eficacia del grupo. Con una perspectiva nacida de la experiencia de más de veinte años en el ministerio de grupos celulares, Joel Comiskey explica cómo tanto los líderes como los participantes pueden ser formados sobrenaturalmente para tratar temas de la vida real. Pon estos principios en práctica y ¡tu grupo celular nunca será el mismo!

Mitos y Verdades de la Iglesia Celular: Principios Claves que Construyen o Destruyen un Ministerio Celular

La mayor parte del movimiento de la iglesia celular de hoy en día es dinámico, positivo y aplicable. Como ocurre con la mayoría de los esfuerzos, los errores y las falsas suposiciones también surgen para destruir un movimiento que es en realidad sano. Algunas veces estos falsos conceptos han hecho que la iglesia se extravíe por completo. En otras ocasiones condujeron al pastor y a la iglesia por un callejón sin salida y hacia un ministerio infructuoso. Sin tener en cuenta cómo se generaron los mitos, estos tuvieron un efecto escalofriante en el ministerio de la iglesia. En este libro, Joel Comiskey aborda estos errores y suposiciones falsas, ayudando a pastores y líderes a desenredar las madejas del legalismo que se han escabullido dentro del movimiento de la iglesia celular. Joel luego dirige a los lectores a aplicar principios bíblicos probados a través del tiempo, los cuales los conducirán hacia un ministerio celular fructífero.

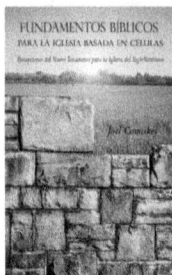

Fundamentos Bíblicos para la Iglesia Basada en Células: *Percepciones del Nuevo Testamento para la Iglesia del Siglo Veintiuno*

¿Por qué la iglesia celular? ¿Es porque la iglesia de David Cho es una iglesia celular y sucede que es la iglesia más grande en la historia del cristianismo? ¿Es porque la iglesia celular es la estrategia que muchas "grandes" iglesias están usando? La verdad es que la Biblia es el único fundamento sólido para cualquier cosa que hagamos. Sin un fundamento bíblico, no tenemos un fuerte apuntalamiento en el que podamos colgar nuestro ministerio y filosofía. En Fundamentos Bíblicos para la Iglesia Basada en Células, el Dr. Comiskey establece la base bíblica para el ministerio de grupos pequeños. Comiskey primero examina la comunidad dentro de la Trinidad y la estructura familiar del grupo pequeño en el Antiguo Testamento. Luego explora cómo Jesús implementó la nueva familia de Dios a través de las comunidades estrechamente unidas que encontramos en las iglesias en las casas. Comiskey luego cubre ampliamente cómo la iglesia primitiva se reunía en las casas, levantó liderazgos desde el interior y reunió a las iglesias en las casas para celebrar. El libro concluye exponiendo cómo las iglesias pueden aplicar de manera práctica los principios bíblicos encontrados en este libro.

2000 Años de Grupos Pequeños

Este libro es una crónica sobre el Grupo Pequeño o Movimiento Celular, partiendo de la época de Jesús hasta llegar a la explosión celular en los tiempos modernos. Comiskey destaca las fortalezas y debilidades de estos movimientos históricos de grupos pequeños, y aplica estos principios a la iglesia actual. Crecerás en gratitud y en entendimiento de los valores clave de las células a causa de aquellos pioneros que allanaron el camino. También aprenderás a apreciar a esos líderes que estremecieron al mundo y que se enfrentaron con mayores obstáculos que los que nos enfrentamos en la actualidad al implementar grupos pequeños. Y así como ellos encontraron soluciones en medio de la persecución y la prueba, Dios te ayudará a perseverar, a encontrar soluciones, y finalmente llevar fruto abundante para su reino y gloria.

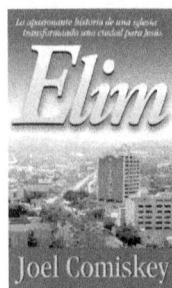

Elim: *Cómo los grupos celulares de Elim penetraron una ciudad entera para Jesús*

Este libro describe como la Iglesia Elim en San Salvador creció de un grupo pequeño a 116.000 personas en 10.000 grupos celulares. Comiskey toma los principios de Elim y los aplica a iglesias en Norteamérica y en todo el mundo. 158 páginas.

Los Niños en el Ministerio Celular: Discipulando a la Futura Generación, ¡Ya!

En este innovador libro, Joel Comiskey desafía a pastores y a líderes a ir más allá de simplemente educar niños para formarlos en discípulos que hacen discípulos. Comiskey establece la base bíblica para el ministerio de niños, y luego anima a los pastores y líderes a formular su propia visión y filosofía para el ministerio de niños basado en el texto bíblico. Comiskey destaca cómo discipular a niños, tanto en el grupo grande como en el pequeño. Rápidamente pasa a ejemplos prácticos de grupos celulares intergeneracionales, y a la efectividad con la que las iglesias celulares han implementado este tipo de grupo. Posteriormente, escribe sobre grupos celulares sólo para niños, citando muchos ejemplos prácticos de algunas de las iglesias celulares más efectivas del mundo. Comiskey cubre los temas del equipamiento para niños, cómo equipar a los padres, y sobre los errores cuando se trabaja con niños en la iglesia celular. Esta es una lectura obligatoria para todos aquellos que quieran ministrar a niños, tanto en grupos grandes como en pequeños

Los Jóvenes en el Ministerio Celular: Discipulando a la Próxima Generación, ¡Ya!

Si queremos tener una iglesia victoriosa mañana, debemos enfocarnos en los jóvenes hoy. Comiskey escribe acerca de hacer discípulos de la próxima generación ahora. El autor analiza lo que está sucediendo hoy en el ministerio juvenil y establece su base bíblica. Comiskey pone en relieve las necesidades más sentidas de los jóvenes hoy, que incluyen la espiritualidad, las relaciones y el involucramiento. A continuación muestra las razones por las que estas necesidades pueden ser mejor atendidas en grupos celulares pequeños que también participan en una reunión de jóvenes más grande.

Células Exitosas: 8 Hallazgos Sorprendentes sobre Grupos Celulares que Florecen

¿Por qué algunas células son dinámicas, atractivas y respiran la vida de Cristo? ¿Por qué otras células se estancan y cierran? En este revolucionario libro, Joel Comiskey y Jim Egli describen ocho sorpresas descubiertas sobre las células que son exitosas, a partir de su investigación realizada a 4,800 participantes de células en cuatro continentes.

Los autores exponen sobre las suposiciones comunes en torno a los grupos celulares y ofrecen consejos prácticos a los miembros y líderes de células para ayudarles a que estas sean exitosas. El libro cubre temas tales como la participación en las células, la influencia que ejerce la comida, la adoración, y cómo las células exitosas alcanzan efectivamente a otros para Jesucristo. Lee este libro si deseas que tu grupo celular sea más sano y florezca con una nueva vida.

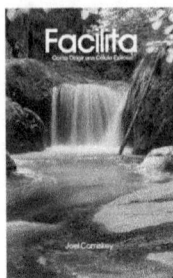

Facilita: *Como Dirigir una Célula Exitosa*

Facilita resalta las dinámicas claves de grupos pequeños que le darán al líder confianza para facilitar a otros. Facilita le enseña a un líder cómo escuchar bien, hacer preguntas, capacitar a otros, involucrar a las personas, y cómo prepararse para la reunión. Este libro muestra a un líder potencial cómo desarrollar nuevos líderes para continuar el proceso de discipulado. Es excelente para usar tanto en una clase de escuela dominical como uno a uno. Este libro tiene ocho lecciones, llenas de preguntas prácticas y aplicaciones. Va a aprender cómo:

- Prepararse espiritualmente para que el poder de Dios fluya en la reunión
- Estructurar la reunión de una manera ágil y efectiva
- Animar a los asistentes a participar y compartir sus experiencias
- Sugerir temas y preguntas interesantes
- Escuchar con atención y detectar los problemas en el grupo

De este modo, poniendo en práctica las ideas y sugerencias en este libro, cualquier líder de un grupo celular encontrará fácil lograr en las reuniones un ambiente agradable y conseguir que los asistentes no tan sólo salgan con ganas de volver, sin incluso de traer a otras personas.

Empoderado para Liderar: *Aprendizaje por medio de Videos para Facilitadores de Células*

Empoderado para Liderar equipa a los líderes de células para facilitar sus grupos más efectivamente. Cada uno de los dieciocho capítulos cubre un aspecto distintivo y esencial del liderazgo de grupos pequeños. Cada lección incluye un video corto, preguntas de discusión, recursos de Internet y un PowerPoint descargable dentro de la lección. Este libro está repleto de material valioso, diseñado para ayudarlo a hacer más y mejores discípulos de Jesucristo.